ちくま新書

マスターズ

——ゴルフ「夢の

るのか

本條 強
Honjo Tsuyoshi

1560

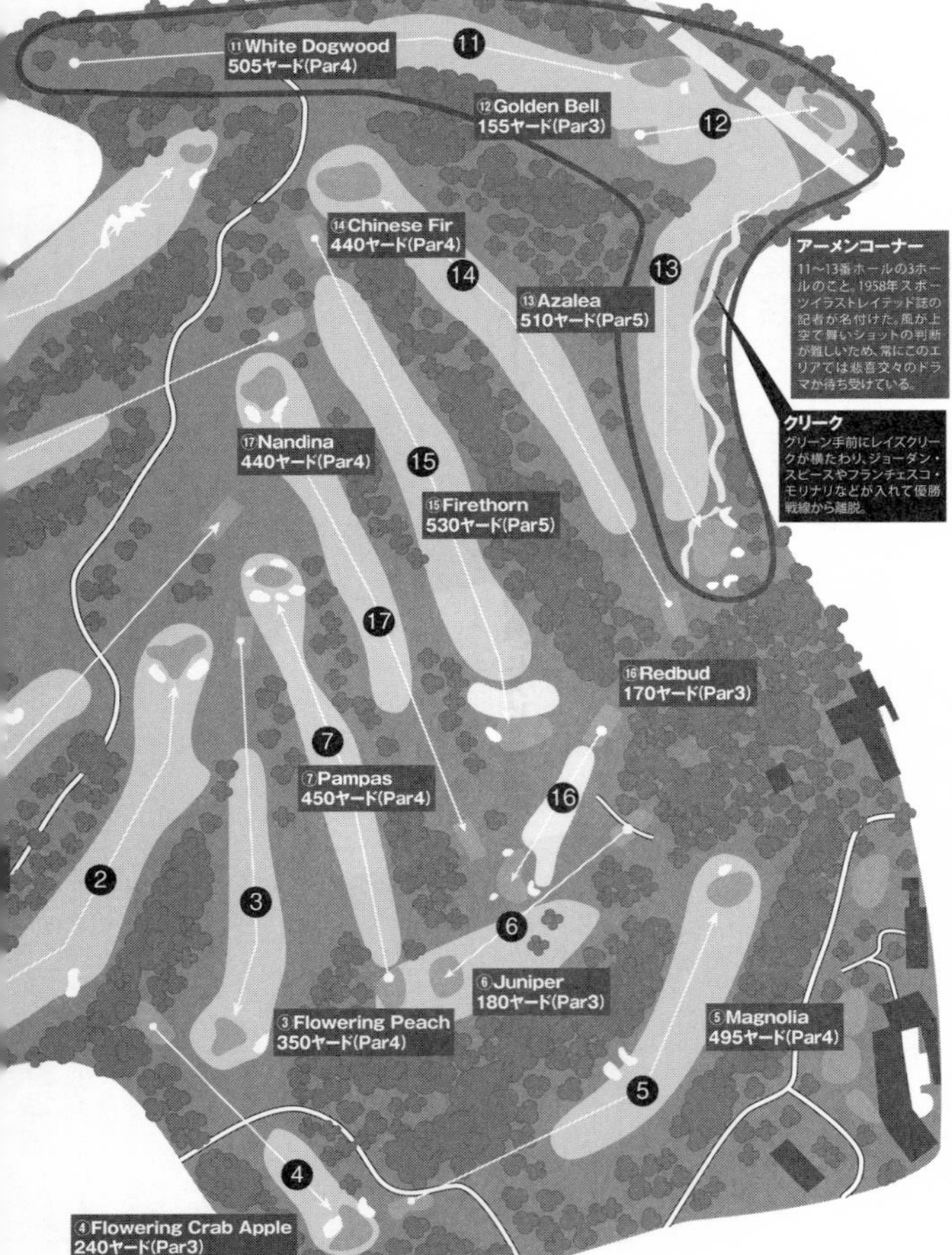
⑪White Dogwood
505ヤード(Par4)
⑫Golden Bell
155ヤード(Par3)
⑭Chinese Fir
440ヤード(Par4)
⑬Azalea
510ヤード(Par5)
アーメンコーナー
11〜13番ホールの3ホールのこと。1958年スポーツイラストレイテッド誌の記者が名付けた。風が上空で舞いショットの判断が難しいため、常にこのエリアでは悲喜交々のドラマが待ち受けている。
クリーク
グリーン手前にレイズクリークが横たわり、ジョーダン・スピースやフランチェスコ・モリナリなどが入れて優勝戦線から離脱。
⑰Nandina
440ヤード(Par4)
⑮Firethorn
530ヤード(Par5)
⑯Redbud
170ヤード(Par3)
⑦Pampas
450ヤード(Par4)
⑥Juniper
180ヤード(Par3)
③Flowering Peach
350ヤード(Par4)
⑤Magnolia
495ヤード(Par4)
④Flowering Crab Apple
240ヤード(Par3)

オーガスターナショナル・ゴルフクラブMAP

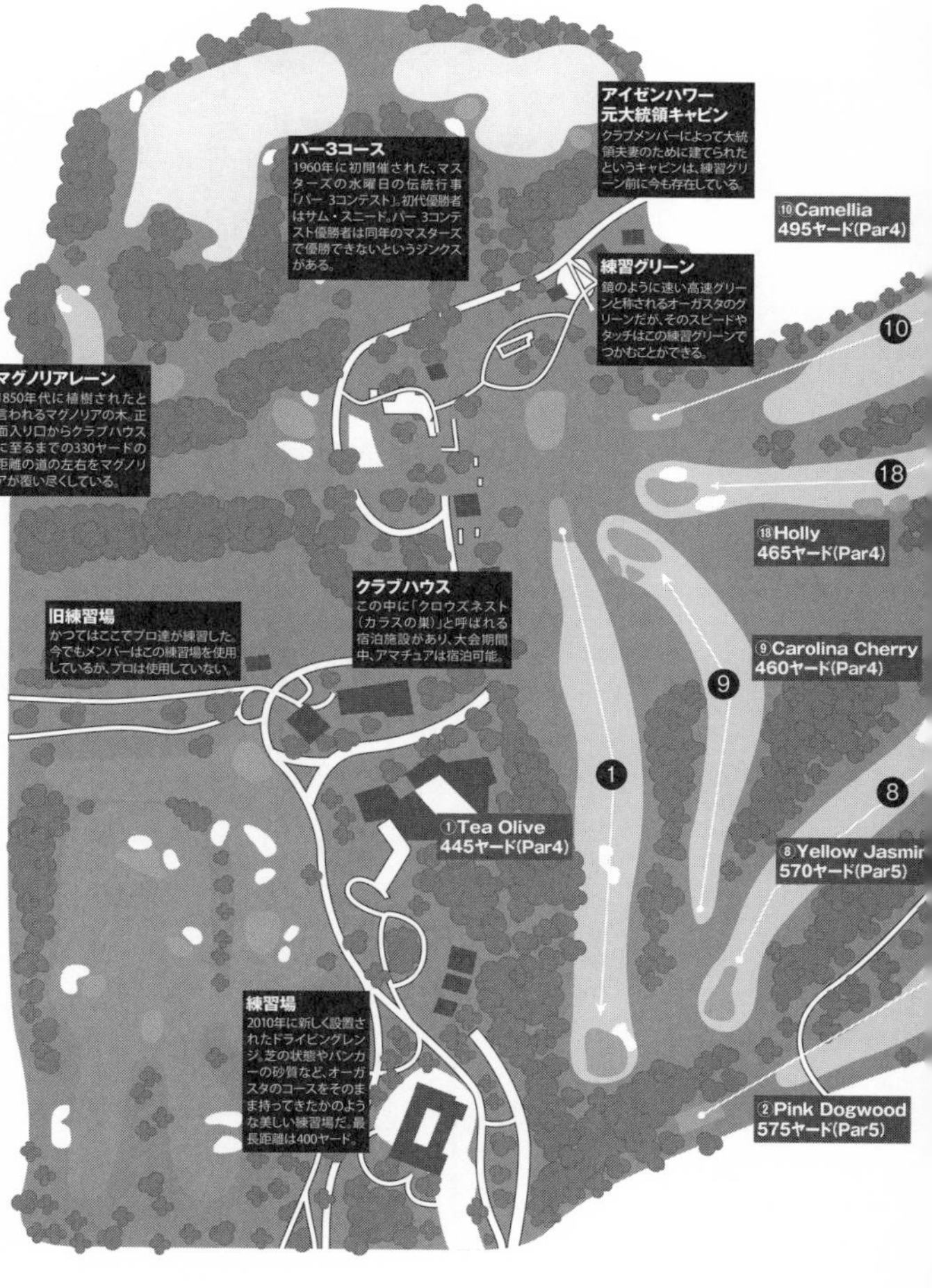
アイゼンハワー元大統領キャビン
クラブメンバーによって大統領夫妻のために建てられたというキャビンは、練習グリーン前に今も存在している。
パー3コース
1960年に初開催された、マスターズの水曜日の伝統行事「パー 3コンテスト」。初代優勝者はサム・スニード。パー 3コンテスト優勝者は同年のマスターズで優勝できないというジンクスがある。
⑩Camellia
495ヤード(Par4)
練習グリーン
鏡のように速い高速グリーンと称されるオーガスタのグリーンだが、そのスピードやタッチはこの練習グリーンでつかむことができる。
10
マグノリアレーン
1850年代に植樹されたと言われるマグノリアの木。正面入り口からクラブハウスに至るまでの330ヤードの距離の道の左右をマグノリアが覆い尽くしている。
18
⑱Holly
465ヤード(Par4)
クラブハウス
この中に「クロウズネスト（カラスの巣）」と呼ばれる宿泊施設があり、大会期間中、アマチュアは宿泊可能。
旧練習場
かつてはここでプロ達が練習した。今でもメンバーはこの練習場を使用しているが、プロは使用していない。
⑨Carolina Cherry
460ヤード(Par4)
9
1
8
①Tea Olive
445ヤード(Par4)
⑧Yellow Jasmi
570ヤード(Par5)
練習場
2010年に新しく設置されたドライビングレンジ。芝の状態やバンカーの砂質など、オーガスタのコースをそのまま持ってきたかのような美しい練習場だ。最長距離は400ヤード。
②Pink Dogwood
575ヤード(Par5)

マスターズ——ゴルフ「夢の祭典」に人はなぜ感動するのか【目次】

図表作成　朝日メディアインターナショナル

はじめに　マスターズの魅力を余すところなく伝えます

みなさんはマスターズというゴルフの大会をご存知ですか？　ゴルフ好きの人なら誰でも知っていると思いますが、もしも知らないということであれば、ぜひ一度、テレビやインターネットなどで、毎春開催されるマスターズを見てほしいのです。そうすれば、あなたがゴルフをやったことがなく、普段ゴルフ番組など見たことがないという人でも、必ず惹きつけられると思います。

なぜなら、まずマスターズの舞台となるオーガスタナショナルというゴルフコースが、溜息の出るほど美しいところだからです。緑の絨毯のような芝生は陽光できらきらと輝いていますし、アザレアと呼ばれるつつじの花は赤や白など様々な色合いで何千本と咲き乱れています。小川が流れ、池があり、松林が聳《そび》える、まさに桃源郷のようなゴルフの世界が広がっています。

そしてこのすばらしい舞台で繰り広げられるマスターズというゴルフ大会は、いつも奇跡的なドラマを生み出します。マスターズとは「名手」たちのことですが、出場する選手は腕が際だっているだけでなく、各国各地域を代表する「盟主」たちのことも意味しています。世界のゴルフ盟主たちが一堂に会して、世界一の座を争うからこそ、信じ難い筋書きのないドラマが生み出されるのです。ゴルフの神様だけしか知り得ない悲劇と喜劇が起きるのです。

マスターズの舞台となるコースの美しさに惹かれたら、ぜひとも選手たちのプレーを見て、ドラマの成り行きを愉しんでほしいと思います。それもできれば4日間行われる大会の最終日、日曜日の優勝を争っている人たちのプレーを見てほしい。そうなればもう、あなたの眼はテレビに釘付けになっているはずです。なぜならそこに登場している選手のほとんどが、ゴルフが何かもわからない子供の頃にたまたまマスターズを見てしまい、大きな衝撃と感動を受けて、いつの日かプロゴルファーになってこの大会に優勝することを夢見てきたからです。あなたもマスターズを見たら、もう次の日からゴルフクラブを握ってゴルフを始めているかも知れません。それほどまでに、人の生活や人生までをも変えてしまう魅力がある大会だといえるのです。

このような人の一生まで変えかねないマスターズという大会は、世界最高峰の4つの大会、メジャー4大会の一つです。ゴルフにおけるメジャー4大会は、1860年に第1回大会が開催された世界最古のトーナメントである全英オープンと、1895年に初大会が行われた全米オープン、1916年に始まった全米プロ、そして1934年に球聖ボビー・ジョーンズによって開催されたマスターズになります。これら4つの大会はグランドスラム大会とも呼ばれ、それらのすべてを制した者はグランドスラマーと呼ばれます。4大大会のなかで、毎回同じコースで開催されるのはマスターズだけであり、一ゴルファーの意志で大会が催されることになったのもマスターズだけです。

その一ゴルファーとは球聖と謳《うた》われたボビー・ジョーンズです。1902年生まれの彼は当時の4大大会、全英・全米アマ、全英・全米オープンのタイトルを次々に獲得した後、それらの4大大会を1年の間にすべて制した、史上初のグランドスラマーとなったゴルファーです。アマチュアなのにプロをも倒して勝利していった世界最強のゴルファーでもあったわけですが、この偉業を達成した後、潔く引退してしまいました。よって、生涯アマチュアのゴルファーだった人物です。

そんなボビー・ジョーンズが仲間たちと愉しいゴルフをしたいと思って、生まれ故郷アトランタのすぐ近くに造り上げたのが、オーガスタナショナル・ゴルフクラブです。そのコースは大変に美しく、非常に戦略的に富んだ世界に誇るチャンピオンコースとなりました。しかもジョーンズの仲間たちは世界に名だたるチャンピオンばかり。必然的に彼が催す大会はメジャー大会に匹敵するものとなったのです。

とはいえ、歴史ある全英・全米オープンと肩を並べる本物のメジャー大会になるのは並大抵のことではありません。ゴルフコースのすばらしさ、出場する世界屈指のプロが繰り広げるドラマがあってこそであり、それを伝えるメディアがあればこそです。テレビの出現とともに、それらをダイレクトに視聴者に伝えることができるようになり、マスターズは本物のメジャー大会に昇格していったのです。

こうしてマスターズを加えた新しい4大大会が確立されたわけですが、このマスターズが開催されるようになってから80年以上を経過した今もなお、4大大会を1年の間に制した者は出ていません。多数年に渡って4大大会を制した者でさえ、ジーン・サラゼン、ベン・ホーガン、ゲーリー・プレーヤー、ジャック・ニクラウス、タイガー・ウッズの5人しかいないのです。ボビー・ジョーンズが成しとげた偉業を再現できる者が今後出現するかどうか、大いに愉しみなところです。

本書はこうしたマスターズというゴルフトーナメントとは一体どういうものなのか、その起源とはどんなことなのか、舞台となるオーガスタナショナルとはどんなゴルフコースなのか、またマスターズのその魅力とはいかなるものか、どんなドラマが生み出されたのかなど、そのすばらしさの秘密を物語とともに詳細に解明しています。

なお、私はゴルフ雑誌『書斎のゴルフ』の編集長を長く務めてきました。一流の選手やプロの取材・執筆も数多く行い、中部銀次郎さんや倉本昌弘プロの本なども書いてきました。マスターズや全英オープンなどの取材もしてきました。もちろん、オーガスタナショナル・ゴルフクラブにも実際に行っています。これらの経験も本書に生かしたつもりです。最後まで愉しく読み進めていただけることを願っております。

本條　強

第１章

オーガスタに宿るマスターズの精神

マグノリア・レーン（©Humberto Borrego）

†選手はマグノリアレーンで涙する

木蓮の暗いトンネルの向こうは白く輝いていた。

真珠かダイヤモンドのような、透明な光が溢れていた。

南北戦争以前からの木蓮の巨木が道の両脇に長く立ち並んでいる。

その木蓮の小道、マグノリアレーンを車が進むにつれ、瞳から涙が溢れ出てくる。

なんのけれんみもない純粋な涙。

「とうとうやってきた。夢にまで見たマスターズに」

彼は心の中で叫んだ。体中が震えた。

暗闇を抜けると、前が眩むほどの陽光に満ちていた。

フラッグポールに星条旗とクラブの緑の旗、下には黄色のパンジー。

その先に白亜のクラブハウスが静かに佇んでいる。

オーガスタナショナル・ゴルフクラブ。

世界一を志したゴルファーなら誰でも出場したいと願う、世界で最も美しいトーナメントの舞台だ。

今田竜二は小学生の時にマスターズをテレビ観戦して、プロゴルファーになりたいと思った。14歳の時にアメリカに渡り、フロリダで修行を重ねた。全米のジュニア大会で6勝を挙げ、最優秀ジュニアにも選出された。タイガー・ウッズやセルヒオ・ガルシアと並ぶ天才少年だった。

「とうとうマスターズに出場できる」

頬に落ちる涙は止まらない。

ハイスクールを卒業し、南部の名門ジョージア大学に入学した。2年時には全米大学選手権で団体優勝に貢献、個人でもやがて世界ランク1位となるルーク・ドナルドに次ぐ2位となった。これを契機に1999年にプロ転向、下部ツアーですぐに優勝するが、レギュラーツアーでの初優勝は2008年。この優勝で、翌09年に初めてマスターズ出場が実現した。

ジョージアの学生にとって、地元のマスターズは近くて遠い憧れの舞台。憧れは悲願にまでなっていた。その悲願の達成までに、プロ入りして10年の月日が経ってしまったのだ。初挑戦のマスターズは20位タイと健闘した。

丸山茂樹も小学生の時からマスターズに憧れていた。親がゴルフをしていれば、マスターズはテレビで絶対に見る。丸山もそうだった。そして、オーガスタナショナルの絨毯のように美しい緑の芝生を見れば誰でも感動してしまう。丸山は1981年のトム・ワトソンの優勝を見て感激、マスターズに出ることを誓う。12歳の時だった。

「最終ホールを終え、優勝を決めてギャラリーに祝福されながら笑顔で歩いてくるワトソンに胸を打たれました。僕もあそこを歩きたい。アメリカに行って絶対に出場するぞって」

片山晋呉は今田竜二と同様にマグノリアレーンで泣いた。2001年、初出場の時だ。

「もう声に出して泣きました。ランドセルをしょってた時からの夢の舞台。ニクラウスの優勝をテレビで見て、子供ながらに震えた。そのマスターズに出場できるんです。車に同乗していたマネージャーもキャディも泣いていた。ゴルフを志した者にとって、特別のコースです」

初出場の2001年は40位タイ、翌年は予選落ち、3年目は37位タイ。出場するだけで幸せというレベルの選手には厚い壁が立ちはだかる。4年目に出場権を失った。

「2004年のマスターズをテレビで見ていました。布団の中で寝そべりながら。選手は皆輝いていた。特にフィル・ミケルソンは最終日の最終ホールでバーディパットをねじ込んで1打差での初優勝。グリーン上で両手を挙げて飛び上がった。34歳になる直前でした。天才と言われた選手が10年以上もマスターズに勝てなかった。その苦しみがわかって涙が出ました。本当に泣けた。その時に誓ったんです。マスターズに出たい。マスターズは見るものじゃなくて出るものだって」

片山はこのことを紙に書いて写真に撮り、携帯の待ち受け画面にした。それを毎日見て己を奮い立たせた。この２００４年賞金王となり、２００５年のマスターズ出場を果たす。この年はニクラウスがマスターズ最後の出場となった時。片山はそのニクラウスと予選の2日間一緒に回った幸運児である。そしてこの年から3年連続で予選を通過、09年に日本人最高の4位となる。マスターズへの一途な思いが片山を大きく成長させた。

†世界中のプロが憧れる舞台

15歳の高校生の時にプロをなぎ倒して優勝した石川遼も、子供の頃からマスターズに憧れていた。小学校の卒業文集には「20歳でマスターズ優勝」と書き記した。16歳でプロとなり、17歳でマスターズの舞台に立った。２００９年、プロとしては世界史上最年少出場だった。

「練習ラウンドは毎ホール、感動の嵐でした」

初日はロリー・マキロイと回り73。しかし2日目に77を叩いた。

「18番のバンカーで『僕は今どこにいるんだろう?』って自分を見失っていました。ピンもグリーンも見えなかった。見えたのは空だけでした」

茫然自失となった石川は、あえなく予選落ち。翌年も予選落ち。11年に20位となるが、20歳となった12年はまたも予選落ちだった。13年の38位タイから出場できていない。文集の誓いは叶わず、見果てぬ夢だけが続いている。

「マスターズには絶対に戻ります。そのために努力し続けています。19年はラストの日本シリーズも制して3勝を挙げることができました。世界ランクを上げて再びマスターズに出場したい(世界ランク50位以内に入っていれば出場資格を得られる)」

松山英樹もマスターズへの思いは強い。2010年アジアパシフィックアマチュア選手権(アジアアマ)に優勝して、翌2011年東北福祉大2年生の時にマスターズ初出場。世界のトップアマたちがすべて予選落ちをする至難の状況で、堂々の予選突破を果たしてローアマに輝いた。それ以後、日本で賞金王となってPGA(Professional Golfers' Association of America)ツアーに本格参戦。5勝を挙げ、16年の全米プロでは優勝目前の4位タイ、17年全米オープンでも2位タイになるなど、今最もメジャー優勝に近い日本人だ。
「マスターズは夢の舞台。アマチュアで2年連続出場したあとの13年に出られなかった。マスターズに出場するにはプロになって世界ランクを上げる必要がある」

大学在学中にプロ転向。その決断は成功し、14年からこれまで毎年マスターズに出場している。15年は優勝争いを演じ5位となった。松山は真顔で言い切る。

「マスターズの目標ですか？　優勝です。それ以外にどんな目標があるって言うんですか？」

藤田寛之は苦労の末に2011年、初めてマスターズに出場した。42歳になっていた。

「僕のゴルフ人生にとって、一番印象に残っている試合。というよりも舞台、ステージです。自由にやってくださいって言われているようでした。地に足が着いていなくて、夢の中で踊っているような感じでした」

藤田は2013年にも出場する。2回ともあえなく予選落ちだったが、「自分の爪痕は何も残せなかったけれど、マスターズからの招待状が2通あるというのが藤田家の勲章です」と笑顔で思い出を懐かしむ。

マスターズで戦える。そう思うだけで心が震える選手は海外にも大勢いる。ニック・ファルドは14歳の時にイングランドの自宅でマスターズをテレビ観戦し、ジャック・ニクラウスの優勝を見て感激、15歳からゴルフを始めた。彼の志には常にマスターズ優勝があり、1989年に夢を実現。翌90年にも優勝して2連覇を達成した。マスターズは96年にも優勝、全英オープンも3勝を挙げ、エリザベス女王から「ナイト」の称号を授かった。「サー・ニック・ファルド」も、初出場の時にはきっとマグノリアレーンで涙ぐんだことだろう。それはフィル・ミケルソンもタイガー・ウッズでも同様だっただろう。子供の頃から見てきた美しいゴルフコースと筋書きのないドラマに感動した少年たちにとって、マグノリアレーンからクラブハウスに初めて向かう時、胸に熱いものがこみ上げてきてしまうのは当然のことだ。夢にまで見た憧れの聖地に踏み入れる最初の一歩なのだから。

マスターズのテレビ中継で流れるテーマソング。聴くだけで「ああ、今年もゴルフの季節がやって来た」と思うこのゆったりしたカントリーソング「オーガスタ」は、次の歌詞で始まる。日本語に訳すと、

♬マグノリアレーンに春が来た
オーガスタナショナルに盟主が集う
日曜の午後にグリーンジャケットを着るのは誰だろう♬

初めてこの地を訪れたボビー・ジョーンズも、この小道を通った。

「果樹園に入っていく長い木蓮の小道がとても美しかった」

エントランスロードからこの地に魅せられたのだ。そして、ゴルフコースを造る時にもこの時の感動を大事にして、この小道からクラブハウスに向かうようにしたのだ。選手だけでなく、誰もが感動してしまう最初の木蓮の小道なのである。

しかし、マグノリアレーンは今ではマスターズ期間中は選手とメンバーだけしか通ることができない。メディアは背後から眺めるだけだ。私もその一人だった。ワシントン通りからオーガスタナショナル・ゴルフクラブの小さな看板を左折、マグノリアレーンの入り口までは進むことができた。遠くにクラブハウスを望み、それだけで感動して胸が締め付けられた。この小道には天国に通ずるような聖なるものが宿っていることがわかる。

ゴルファーなら誰もが感動を覚えるオーガスタとマスターズへの小道。それは「天国への小道」だ。

†オーガスタナショナルの香り

オーガスタはアトランタから東に２４０km離れた小さな田舎町だが、19世紀末は北部の裕福な人たちのリゾート地だった。アトランタよりも10度以上暖かく、冬にゴルフを愉しむ人が多かった。春に行われるマスターズの頃はまさに天国のような穏やかな陽気である。

オーガスタナショナルに足を一歩踏み入れると、うっとりする匂いに幻惑されてしまう。それはハワイのサトウキビがもたらす甘い匂いとは異なる花々のやさしい香りだ。

コースが造られる前のオーガスタナショナルの地は、南部の樹木や草花だけでなく海外の珍しい果物を植生させるフルーツナーセリー、果樹園であった。さらにその昔は藍の育成地、コットンを染めるインディゴのプランテーションだった。白亜のクラブハウスとなる原型の建物はその時に建立されたもので、屋根にある煙突は見張り台でもあった。ともあれ、365エーカー（約45万坪）と広大で果樹や草花に満ち溢れた地だったために、今も多くの花が咲く。

マスターズの時期の樹木は木蓮や桃の花が咲き終わった残香がほのかに甘く、ドッグウッドと呼ばれるはなみずきはピンクや白の見事な花を咲かせる。またアザレアと呼ばれる何千本というつつじの花が満開となる。はなずおうや金木犀、桜、ジャスミン、梨、花りんご、つばき、水仙など四季折々に綺麗な花を咲かせ、プレーするゴルファーの目と鼻を愉しませてくれるのだ。

マスターズのテーマソング「オーガスタ」のさびの部分は以下の言葉で語りかけてくる。

♬オーガスタのドッグウッドとパインツリー
吹き抜ける風の音が心に語りかける
オーガスタよ、私の愛するコース
過ぎ去った記憶を思いおこす♬

そう、オーガスタに流れる風が花の香りを運ぶ。それも美しい芝の香りとともに。過ぎ去った記憶の数々、しかし、その記憶の始まりはこの地にゴルフコースを造ろうとした球聖ボビー・ジョーンズだ。その時代のすべてのメジャートーナメント、全英アマ、全英オープン、全米オープン、全米アマを1年間で獲得した男。ウォルター・ヘーゲンやジーン・サラゼンなど並み居るトッププロを倒してつかんだ偉業だ。年間グランドスラムを達成した彼は「競技ゴルフにおいては、これ以上望むものはない」と潔く引退する。そしてこう考える。

「これからは、家族や友人たちと愉しいゴルフがしたい」

その願いをこの地にゴルフコースを造ることで実現しようとしたのだ。ボビー・ジョーンズはこの地を一目で気に入ってしまった。アトランタという都市に生まれた彼でさえ、

ボビー・ジョーンズ

リゾート故の心をリラックスさせる気候の良さ、花々の美しさとその香り、さらに365エーカーという広大な土地は、眺めただけでコース全体がイメージできた。

「この地は、この広大な地は、ゴルフ場になるのを待っていた」

彼は高台にあるクラブハウス脇の樫の巨木の下に立ち、この地全体を見渡して感慨深げにそう呟いた。

「壮観なだけでなく、やわらかさがある」

球聖が惚れた、まさに聖地である。

ジョーンズはその少し前に自然を生かしたコースデザインで一目置かれていたアリスター・マッケンジーと運命の出会いを果たしていた。マッケンジーはジョーンズに初めて会った時にこう言ったのだ。

「ゴルフコースは、良い音楽のようなものでなくてはならない」

その言葉に惚れ込んだジョーンズ。ともにイメージとアイデアを出し合い、オーガスタナショナル・ゴルフクラブを造り上げていった。果樹園でもある藍の里、起伏と池のある丘陵地をそのままに、薫り高く華やかでドラマチックなコースを誕生させた。まるでモーツァルトの音楽が奏でられているような。

†南部にできた初のチャンピオンシップコース

１９３２年にコースが完成、南部にはこれまでなかったチャンピオンコースになったため、全米オープンを開催しようという声がメンバーから上がる。開催できれば南部では初のこと。故郷の人たちが一流のコースで一流の選手を見ることができると、ジョーンズも積極的に全米ゴルフ協会と折衝する。しかし毎年恒例の6月開催は譲れないと言われてしまう。6月ではオーガスタの地は酷暑となって選手も芝生も耐えられない。気温は38度、湿度90%になるのだから。そこでやむを得ず、春の独自開催の道を選ぶこととなる。

「春であれば選手たちは快適にプレーできる。バミューダ芝にイタリアンライ芝を混合すれば良いグリーンになる。自分たちが造ったコースのすばらしさを披露できるし、私と鎬《しのぎ》を削った一流の選手たちを招待できれば故郷の人々に一級のトーナメントを見せることができる」

　こうして1934年3月22日に第1回マスターズが開催される。ジョーンズが招待する選手は自然、一流選手となる。それも超一流の盟主＝マスターたちである。故にマスターズというトーナメント名が持ち上がるが、これはジョーンズが却下。全米オープンに劣るものは何もないとは思えるものの、あくまで旧友たちとの友好を考えていたジョーンズはこの名を避け、第1回大会は「オーガスタナショナル・インビテーション・トーナメント」となった。ジョーンズの友人や勝負を競い合った仲間たちが集う、和気藹々《あいあい》のゴルフコンペのような雰囲気で、このトーナメントは第一歩を記したのだ。

　3月開催は第1回限りで第2回大会からは現在と同じ4月第2週の木曜開催となるが、この時期はオーガスタのコースに花が咲き誇る。果樹園だった木々の花や草花の香り、青々とした芝の息吹を感じるトーナメントとなったわけで、4月独自開催の決断がどれほどベストだったことか。マスターズを夢の舞台にのし上げていくことになったジョーンズの、ホールインワンにも匹敵するファインプレーだった。

　もしもあなたがマスターズゴルフを観戦することになり、オーガスタを訪れたなら、すぐにホールに駆けだしていくのではなく、まずは白亜のクラブハウス脇の樫の巨木の下に立ち、大きく眼下に広がるコース全体を眺めてほしい。そして深呼吸をしてコースの香りを堪能してほしい。

初めてマスターズの取材をした時、私はコースに入るやいなや、大慌てで注目選手を見るために坂を転がるように駆け下りた。コースを2周ほど回って息絶え絶えにクラブハウスへ戻りランチを食べ終わってホッとひと息。樫の木陰で休んだ。その時にコース全体を初めて眺めたのだ。何とも雄大な風景だった。パトロンも賑やかに大勢いたので、まるでルノワールの舞踏会の絵のような雰囲気だ。ボビー・ジョーンズも初めてこの地を訪れた時に、ここからコース全体を眺めたのだと思うと感動もひとしおだった。

そこにこそボビー・ジョーンズの精神、マスターズゴルフの精神の発端を垣間見ることができるのだ。マグノリアレーンでの感動をマスターズ観戦者が体験できない以上、マスターズへの第一歩はこのクラブハウス脇に立ってコース全体を眺めるのが最上である。そして、今は亡きジョーンズの言葉に耳を傾けるのだ。

「競技もいいよ。でもその前に、コースの美しさを眺め、雰囲気を味わい、仲間との愉しいゴルフを堪能しようよ。ゴルフは愉しくやることが最も大事なことなのだから」

映像でマスターズトーナメントを観戦する人も、いきなり名物ホールや人気選手を見ようとするのではなく、まずはデイブ・ロギンスが歌うマスターズのテーマ曲をゆったりと聞き、マグノリアレーンを選手の気持ちで見始め、それから一度映像から離れて、白亜のクラブハウス脇に佇んだつもりでコース全体を見渡したイメージを抱いてほしい。大きく広がるオーガスタのコース全体を。そして繰り返しになるが、ボビー・ジョーンズの精神、マスターズゴルフの精神を歌とともに味わってほしい。

♬オーガスタのドッグウッドとパインツリー
　吹き抜ける風の音が心に語りかける
オーガスタよ、私の愛するコース
過ぎ去った記憶を思いおこす♬

二度目のサビを終えたら、ロギンスの歌のラストとともにジョーンズの映像を見ながら、マスターズのイメージを終えよう。

♬ヒッコリー（クルミ科の木）シャフトのレジェンド
　ボビー・ジョーンズ♬

ゴルフをする仲間とともに、コース全体を感じ、花の香りを嗅ぎ、美しさを堪能する。勝負を競い合いはするけれど、それは友情の証。正々堂々と己のすべてを出して思い残すことなく戦おう。それがマスターズなのだと。

ジョーンズの精神を心に焼き付けて、ドラマチックな競技へと入っていくのだ。

†白亜のクラブハウス

白い壁のクラブハウスは、青い空と緑の芝に映える。グレーの切り妻屋根の印象的な台形の建物。南部のコロニアル様式、その中でもジョージア様式と呼ばれるプランテーションハウスだ。この丘陵地が16世紀頃、インディゴのプランテーションを行っていた時の建物だから当然の建築様式だが、その後1857年にベルギーのベルグマン男爵がこの台地をフルーツナーセリー、いわゆる広大な果樹園に変え、建物も修復して活用してきた。

1930年にジョーンズがこの果樹園をゴルフコースに変え、ベルグマン男爵の住居をクラブハウスとして活用しようと改造した。コロニアル様式はそのままに、緑の芝に映えるように白壁とした。すべてを新しく建て替えるのではなく、リフォームしたところがすばらしい。何百年と経てきた建物の重厚な趣が漂うからである。

中嶋常幸は初めてマスターズに出場した時、このクラブハウスに目を奪われ、これを背景に写真を撮ることに夢中になった。

「試合をしに来ているのに、試合の前に写真を撮りたくなるわけです。マグノリアレーンを抜けてクラブハウス前まで来ると、俺もマスターズに来たんだなと実感して感動してしまうんです。そこでクラブハウスをバックに星条旗のポールの下でマスターズの旗とともに記念写真を撮ってもらう。さらにクラブハウスを抜けてワーッとコースを見下ろせるところでまた1枚と、もう夢の国に来たって感じなんですね」

中嶋は出場する度にこうした記念撮影をしたのだという。白亜のクラブハウスは、マスターズを実感する象徴的な建物なのだ。

クラブハウスの中に入ると、この建物を模型にしたトロフィーが中央に飾られている。マスターズの優勝者はグリーンジャケットを着て、この銀のトロフィーを抱え持つことができる。そのトロフィーはもらえないが、レプリカを寄贈される。

トロフィーの左右には広いリビングがある。待ち合わせやくつろぎのエリアだ。ほの暗い照明が上品に部屋を照らし出し、ゆったりとしたソファや観葉植物、現代的な絵画などが飾られている。コーナーの窓はウインドウピクチャーになっていて、ガラス越しに映し出される木々や花々は額縁のある風景画そのものである。

2階のテラスからはコース全体が一望できる。ジョーンズはこのテラスからコースを眺め、1番ホールからティショットを放つ選手を見るのが好きだった。初めて訪れた時に感動したこの地で、自ら主催のトーナメントが行われていることにさらなる感慨を深めたに違いない。特に脊髄の病を患い車椅子の身になってからは、なおさらだったであろう。

†チャンピオンズ・ディナーとクロウズネスト

クラブハウスには優勝者だけのチャンピオンズ・ルームがあり、グリーンジャケットがガラス扉の中に飾ってある。グリーンジャケットのグリーンはフェアウェイのライグラスカラーをイメージしている。デザインはシングル袷せで真鍮の三つボタン、マスターズのロゴのエンブレムが左胸ポケットに縫い付けられている。私が見たバッバ・ワトソンの扉の中には、彼が獲得したグリーンジャケットの他に、クラブハウスを象《かたど》ったトロフィーや彼の優勝シーンの写真なども納められていた。

チャンピオンズ・ロッカーはその先で上下二段。タイガー・ウッズはジャック・バークと、ジャック・ニクラウスはホートン・スミスと共有している。アーノルド・パーマーやミケルソンは単独使用のようだった。ロッカーの中にはシューズの棚があり、ジャケットが掛けられる。鍵はなく、選手が履いてきたシューズはスタート後にロッカー係が綺麗に磨いてくれる。二人で一つの使用は窮屈ではあるが、マスターズ出場選手なら誰でもだ。

ここでは優勝者たちが一堂に会してのチャンピオンズ・ディナーが催される。1951年にマスターズ初優勝を遂げたベン・ホーガンが嬉しさのあまり、「翌年には優勝者が全員来場するはずだから、そこで食事会を開きたい」と申し出たのだ。司会はホーガンの親友で社交的なバイロン・ネルソンが務めた。この夕食会がこの年から恒例行事となった。

メニューはホストである前年の優勝者が決めるが、メインは肉料理が多く、フィル・ミケルソンはリブ肉のバーベキュー、アダム・スコットはビーフステーキ、バッバ・ワトソンはチキンソテーだった。タイガー・ウッズの初優勝後はチーズバーガーをメニューに入れて世間を驚かせたが、その後は大好きな日本食から前菜として刺身や寿司が振る舞われている。2020年秋のタイガーメニューには「オーガスタ・ロール」と名付けられた海老の天麩羅やアボガドを入れた巻き寿司が提供されている。

このチャンピオンズ・ディナーは毎年マスターズ・ウイークの火曜の夜に行われるが、その前日の夜はアマチュア選手のディナー会がある。

「並み居るプロの中でのプレーは緊張するだろう、ならばその前にアマチュア選手同士が顔見知りになってリラックスしてほしい」

そんなジョーンズの発案による夕食会で、チャンピオンズ・ディナーよりも早く1948年から催されている。さすが生涯アマチュアを通したジョーンズならではの心遣いだ。

ジョーンズのアマチュアへの心遣いは宿泊にも及ぶ。アマチュアは賞金をもらえないからトーナメントにかかる費用を捻出するのは大変だろうと、クラブハウスの屋根裏部屋を提供している。この屋根裏部屋はクロウズネスト、つまりカラスの巣と呼ばれていて、一泊10ドル前後と格安だ。屋根裏部屋と言っても緑の絨毯に白い壁、緑のソファにベッドも緑。シーツは白とマスターズ基調カラーの緑とのコントラストで部屋が綺麗に統一されている。一部屋に何人かの選手で宿泊する。

ジャック・ニクラウスはアマチュア時代、この部屋を気に入って必ず泊まっていたし、タイガー・ウッズも1995年マスターズに初挑戦した時にクロウズネストに宿泊している。オーガスタのメンバーに次のような礼状を出している。

「人生最高の経験をした1週間でした。クロウズネストは生涯私の心に残るでしょう。貴クラブの美しいゴルフコースはアマチュアとして、あるいはプロとしての今後の私の挑戦の場であります。マスターズは私の初めてのメジャー挑戦の場でしたので特別な思い出となりました。少年期を脱皮させて大人にしてくれたマスターズの恩を一生忘れません。お礼を込めて。タイガー・ウッズ」

日本のアマチュア選手としては金谷拓実が2019年に初めて宿泊した。松山英樹がアマチュアでマスターズに出場した時は、東北福祉大の監督たちが借りた家に宿泊していたため、金谷がマスターズにおける日本人選手初のクロウズネスト宿泊者となったのだ。同室には全米アマや全米ミッドアマの選手たちが同室となり、和んだ雰囲気だったという。

金谷はアマチュア選手のディナーパーティにも出席。グリーンジャケットを着用したメンバーと一緒に会食、全米オープンチャンピオンとなる前のブライソン・デシャンボーが挨拶にやって来たと言う。固くなっている場を和ませるためだ。

「クロウズネストの部屋で1週間過ごしましたので、特別な場所となりました。一緒に泊まった選手たちとも記念写真を撮りましたよ」

金谷は予選をギリギリにせよ通過、最後まで粘って58位タイで初めてのマスターズを終えた。順位よりも遥かに大きな収穫があったはずだ。

クラブハウスの地下はワインセラーになっている。あるメンバーが所有していたヴィンテージワインがずらりと並んでいるという。ダイニングルームでこのワインを飲んでも以前は無料だったとのこと。そのメンバーが「ワインの請求書は私に回すように」とクラブに伝えていたからだったとか。

オーガスタを二度もラウンドした経験を持つ旅行会社社長の平野井康さんは、クラブハウスにも入っている。

「クラブハウスの中は驚くほど質素でした。ロッカールームも同様で、派手なことが嫌いなボビー・ジョーンズらしいなと感じました。メンバーにお任せしたランチのメニューはローストビーフでしたが、とても美味しかったです」

クラブハウスにはクロウズネスト以外にも宿泊できる部屋があり、コテージも10棟ある。そのうち7棟は10番ホールフェアウェイの東側からパー3コースに半円状に建てられている。白い小さな家と呼ばれるアイゼンハワー大統領のアイゼンハワーキャビン、創業者の一人であるクリフォード・ロバーツの名が付いたロバーツキャビンやバトラーキャビン。バトラーは執事の意味だが、彼らの宿泊施設ではなく、メンバーのトーマス・バトラーのキャビン。ここは7つの寝室がある人気のコテージだ。マスターズ・ウイークはテレビ局のCBSの特設スタジオとなり、このキャビンの地下で優勝セレモニーが行われる。

マスターズ開催中、メディアはプレスルームのダイニングで食事をする。私がここで先輩記者と朝食をとっていると、グリーンジャケットを着た一人の黒人が入ってきて席に着いた。先輩が僕の耳元で囁いた。

「彼は黒人で初めてオーガスタのメンバーになった人だよ」

彼はメンバーであるにもかかわらず、クラブハウスで朝食をとらなかったのか。そう思ったらここも南部のコースなのだと強く思った。ゴルフは長い間白人のスポーツだった。ゴルフコースはプライベートクラブのもの。白人が発起して造り上げ、白人だけがメンバーだったのだ。プライベートなのだからそれも許される。しかし、国際的な競技を行うとなればそうした閉鎖的な規則のままでは済まされない。オーガスタナショナルもマスターズが国際的なメジャートーナメントになるにつれ、黒人選手も参加できるようになり、黒人もメンバーになれるようになったのだ。

タイガー・ウッズはそうした背景から出現したスーパースターだ。しかもこのマスターズ優勝から彼はスターダムにのし上がった。50年前ならば彼の出場は認められなかった。故にスターになることはありえなかった。新しい時代の新しいスーパースターの誕生だった。

†ゴルフは愉しくなければいけない

ボビー・ジョーンズが「この地はゴルフコースになるのを長い間待っていた」と感動したこのオーガスタの地は、アリスター・マッケンジーがジョーンズの理念を元にコース設計を行った。その理念とは「ゴルフをプレーするならば誰もが愉しめなければならない」というものである。

ジョーンズは当初、コース設計は大御所のドナルド・ロスに頼むつもりでいた。15歳の時にノースカロライナ州にあるパインハースト・ゴルフクラブでプレーして、コースがもたらす景観に圧倒され、惚れ込んでしまったのだ。今なおパインハーストは全米ナンバーワンの呼び声高いコースであり、屈指の難コースである。しかし、ドナルド・ロスは自分の設計ポリシーが頑《かたく》なにあり、ジョーンズが考えるコースとは相容れなかった。

折しもジョーンズは1929年にカリフォルニア州ペブルビーチでの全米オープンに出場したのだが、本人も驚く1回戦敗退、余った時間に近くのサイプレスポイント・クラブを回ったのである。そこで、思いもせぬ感激を味わう。

「自然を生かしたコース造り。スコットランドのリンクスを彷彿させ、しかも海や山の景観を自在に取り込んでいる。私の願っていたコースそのものだ」

サイプレスポイントはその景観の美しさで、今も世界中のゴルファーの垂涎《すいぜん》の的だ。ジョーンズは設計したアリスター・マッケンジーの才能をすぐに見抜き、自分のコース造りを依頼するのだ。

マッケンジーはスコットランド人の血を引くイギリス人。それ故か、神様が造ったと言われるセントアンドリュース・オールドコースが彼の理想とするコースであり、それはジョーンズも一緒だった。スコットランドの東海岸沿いにある世界最古の、人間の手を一切加えていない自然のコース。その昔、この地で羊が草を食み、羊飼いが杖で打った石がウサギの穴に入ったことからゴルフが誕生したという伝説のコースだ。

ジョーンズは1921年、19歳の時にセントアンドリュースで行われた全英オープンに初出場した。初日2日目は好プレー、しかし一転、3日目は強風が吹き荒れてよもやの大叩きをおかしてしまう。前半を46、それだけでも頭に血が上っているところへ、10番ダブルボギー、11番はグリーン左にある深い「ヒルバンカー」に入れて1回で出ずに、さらにグリーンオーバーして「エデンリバー」という名のクリークに入れて5オン。怒りを通り越した情けなさで一杯となったジョーンズは、ここでボールを拾い上げてスコアカードを破り捨てた。試合を放棄したのだ。

「若かったなどと言い訳できるものではない。19歳は十分に大人だ。ゴルフの神様を冒瀆した。これほどの後悔は後にも先にもない」

　未熟なゴルファーがこの屈辱を噛みしめ、大きく成長した。1923年21歳の時に全米オープンに優勝するや、1930年28歳で引退するまでの9年間に13回のメジャートーナメントに優勝するのだ。1927年、ジョーンズは再び全英オープンでセントアンドリュースを訪れる。最終日最終ホール、ジョーンズは罪の谷の異名をとる「ヴァレー・オブ・シン」に打ち込むも贖罪を果たすべく打球をカップに寄せ、グリーンを取り囲む観客の前でウイニングパットを入れたのだ。もみくちゃにされながらジョーンズは愛用のパター、カラミティ・ジェーンを離すまいと頭上に高く掲げていた。セントアンドリュースの市民はジョーンズの初回の冒瀆を許し、ヒーローとして受け入れたのだ。

「ここで勝てたことがどれほど嬉しかったことか。この地の人と友情が芽生えたのです。獲得した優勝トロフィーはR&A（全米ゴルフ協会）にそのまま置いてほしいとさえ願い出ました。セントアンドリュースを初めて見た時、ただの草むらのコースに思えました。しかし、やればやるほど難しさがわかってくる。奥深いコースなのです。賢明な歳をとったレディです。思慮深く丁寧に忍耐強く接しなければいけない。そのこと、つまりゴルフとはなんたるかを教えてくれた至高のコースなのです」

ジョーンズはグランドスラムを達成して引退する1930年にも、全英アマのタイトルを賭けてセントアンドリュースで戦った。全英アマは強敵を一人一人マッチプレーで倒していかなければならない過酷な試合だ。僅かの差で勝ち上がっていったジョーンズは、見事に優勝する。

「クラブハウスからホテルへ向かう僅かの間に、市民の方々が『グッドボーイ、ボビー、また来いよ、よくやった』と声をかけてくれたのです」

ジョーンズは胸が震え涙を流したことだろう。ジョーンズのゴルフの原点はセントアンドリュースにある。ゴルフのすべてがあると言ってもいい。

故にジョーンズにとって理想のコースはセントアンドリュースであり、それは形やデザインといった表面的なことではなく、コースが持つ精神なのである。つまり、ゴルフの神様が宿るコースということだ。そうしたジョーンズの思いを全身に受けて、マッケンジーはオーガスタナショナルの設計にあたったのだ。

ジョーンズはマッケンジーに自分の思いを伝える。

「ゴルフコースになることを待っていたこの地をそのままに、18ホールをデザインしてほしい。自然を生かした、自然と溶け込んだコースにしてほしい。それだけでもすばらしいコースになる。それはマッケンジー博士とて同じ思いでしょう。よろしくお願いします」

もちろん、セントアンドリュースを礼賛するマッケンジーは快諾すると同時に、これほどやり甲斐を感じるコース設計はないと思えた。己が造ったコースの中で最高のものになる。その予感に胸が震えた。

ジョーンズはさらに言う。

「ゴルフは愉しくなければいけない。誰もが愉しめるコースを造る。それにはアベレージ・ゴルファーが普通に回ったらボギーが取れ、良いショットが出ればパーも取れる。技術の高いエキスパート・プレーヤーには挑戦のしがいがあるコースとする。それにはティショットは広々として打ちやすくする一方で、グリーン周りを難しくしてピンを狙うには正確なショットが必要となるコースだ」

「そして」とジョーンズは微笑む。

「そして、バンカーは極力少なくする。アベレージ・ゴルファーにとってバンカーはとても厄介なものだ。何度打っても脱出できず顔面蒼白となってしまう。故にバンカーは極力少なくする」

最後にこう付け加えた。

「アベレージ・ゴルファーが恥をかくようなコースであってはならない」

メンバーの多くが世界トップの政財界人であったこともあるが、ジョーンズはもっと広い意味で「恥をかけばゴルフをやめてしまう」という思いがあった。このすばらしいゴルフを、たった1回の屈辱でやめにしてもらっては、ゴルフの神様に申し訳が立たないといった思いがあったに違いない。

「自分が愛するゴルフを、一人でも多くの人に愛してもらいたい」

その思いがコース造りの根底にあるのだ。

マスターズが終演した翌日の月曜はメディアデーであり、抽選で世界の記者たちがプレーできる。実際にオーガスタをプレーした先輩記者が私に言ったことがある。

「ボギーオンのゴルフを心掛けたら90ちょっとで上がれたよ。グリーンは難しいけれど、ピンポジションがやさしいところに切ってあるから、アプローチでそこそこ寄せれば3パットはしないよ。そのアプローチも、芝が綺麗に生えそろっているから上手く打ててしまうんだ」

へたくそなスキーヤーでも、ゲレンデが冷えた粉雪であれば上手く滑れるのと一緒なのかも知れない。私はオーガスタナショナルをプレーできなかったが、先輩の話が本当なのか、いつか体験してみたいものだ。

✝ドライバーショットが愉しく打てるように

「ゴルフは愉しくなくてはいけない。誰もが楽しめるゴルフコースにする」

ボビー・ジョーンズの考えに賛同したアリスター・マッケンジーは、「最大多数の最大享楽」という言葉を使った。ゴルフは健康に良いゲームであり、愉しくプレーできればその効果は倍増だ。ケンブリッジ大学で医学を学んだマッケンジーならではの思考があり、それ故に博士と呼ばれる。

マッケンジーは語る。

「愉しいといっても、それは簡単に攻略できるという意味ではない。良いゴルフコースというのは、見た目に良いとか難しいコースという意味ではない。何度プレーしても飽きないコース。それがすばらしいコースの条件だ」

セントアンドリュースはまさに飽きないコースの頂点である。ジョーンズは言う。

「一つ一つのホールに特徴があり、同じようなホールがない多彩を極めたコース。一見してすばらしいコースはすぐに飽きてしまうもの。最初は何気なくても、やればやるほど面白さがじわじわと湧き上がってくるコースは飽きが来ない。知れば知るほど味わいが出て、到達できない底知れない深みのあるコース。それがセントアンドリュースの魅力であり、そうした魅力溢れるコースをアメリカの内陸に造る」

ジョーンズは、さらに付け加える。

「アベレージ・ゴルファーのルートとエキスパート・ゴルファーのルートという二つのルートがあるコース。アベレージ・ゴルファーのルートはプレッシャーを感じずに楽にボギーオンしてボギーで上がれる。上手く打てればパーもあるルート。エキスパート・ルートはパーオンを狙い、ピンそばにつけられればバーディもあるが、ミスを犯せばボギーにもなる。リスクと報酬が背中合わせのルート。このことをオーガスタナショナルでも構築する」

それを実現する手段として、マッケンジーは次のような設計思想を持つ。

「すべてのホールを4打でもって上がることを念頭におく。パー3は常に4打になる危険性を孕《はら》む。パー4は4打で上がれるがなかなか3打にはできない。パー5は良いショットを二つ続ければ4打で上がることができる。こうすればスリリングでわくわくするゴルフができる。ジョーンズはまさに、我が意を得たりと膝を打つ。パー5で2打目を適当に打ってもよいというのは、どうにも我慢できかねる」

「非常にやさしくもあり、非常にタフでもあるコース。考えて打てばバーディもあり、考えないで打てばダボもある。戦略に欠けるプレーはゴルフとは言えない。どんなレベルのゴルファーも戦略を立ててプレーすること。戦略を立てず、考えないで打ったショットは考えて狙いを外したショットよりも悪い。そのことを自然に学べるコースがオーガスタナショナルなのだ」

考えるゴルフもまた愉しからずや。ゴルフの醍醐味でもある。

こうしたコースへの思いを具体的に設計に生かしていく。まずはティショットを愉しく打てることを実現する。そのためにジョーンズは、ラフをなくすことを提言する。

「ティグラウンドに立った時に伸び伸び打てれば愉しい気分になる。広々としたコースを狭める必要はどこにもない。そのためにはラフをなくすこと。ラフに入ってロストボールすることがどれほど不愉快なことか。ラフに入れば手首を痛めることにもなる。ティグラウンドで不安なくドライバーを持ち、思い切って打てること。まずはそれが愉快なゴルフへの第一歩になるのです」

オーガスタナショナルのフェアウェイは80エーカーと、全コースエリアの5分の1弱。約10万坪もあり、これは普通のコースの倍以上だ。ホールに関してもラフを作らないのだから、普通のコースの倍の広さに打てると考えていい。しかもフェアウェイバンカーは少ないのだ。

ラフを作らないのはマスターズというトーナメントでも同様、従って「ドライバーショットが曲がる選手でもチャンスはあるし、飛距離が出ればなおさらだ」と言われる。確かにその通りだが、優勝者のすべてがそうであるとは言えない。フェアウェイに様々な傾斜があるから、アイアンショットが巧みでなければピンを攻めることはできないからだ。テレビ映像ではあまりわからないが、アップダウンの激しいホールは多々あるし、平らに見えても微妙にうねっているのだ。マスターズを制するには、この傾斜に対応する技術が必要なのである。

「フェアウェイが広いからといって平らなライになるところは少なく、そこに正確に打った場合に限る。ランで稼いで距離も出ればグリーンもよく見渡せ、バンカー越えになることもない花道があるセーフティなショットラインとなる。基本的にフェアウェイのスロープやマウンドはそのまま残しているので、ショットを曲げればかなりの斜面からピンを狙うことになる。グリーンを外せば寄せにくい設計になっているので、かなりのハイリスクが伴う。アマチュア・ゴルファーであれば、グリーンを狙わずに刻めば広いアプローチエリアに打つことができ、ボギーは固い」

ラフのないフェアウェイは多様なアンジュレーションによってプロに厳しく、アマチュアにはやさしい設計となっている。

「多様なアンジュレーションは、毎回様々なショットを要求される。平地から打つのとはまったく異なる巧みな技術が必要となる。そうでなければピンに絡めることはできない」

ゴルフは「ハザードのゲーム」と言われるが、ジョーンズは「アンジュレーションのゲーム」という新たなコンセプトを打ち出した。とはいえ、それはセントアンドリュースから学んだゴルフの原点でもある。

ゴルフショットは「一期一会」なのだ。一生にただ一度出会うショット。だからこそ心を込めて打つ必要がある。

†大きく、しかも速いグリーン

さらにグリーンを難しくしたことで、エキスパート・ゴルファーにはパー5以外はバーディのとりにくい設計となっている。グリーンも一見すれば大きいために乗せやすいと感じる。安心感をもたらすが、安易にカップを狙うと何度もパットしてすぐにボギーやダボになってしまうのだ。

「グリーンはとても大きい。だからパーオン率は上がるだろう。しかし、バミューダグラスにイタリアンライグラスを混合させたことで、高速にできる。速いグリーンはデリケートなタッチが必要だ。少し強いだけでかなりオーバーする。それを恐れればかなりショートしてしまう。ロングパットは容易ではないし、ショートパットも油断大敵である」

ジョーンズは高速グリーンがプレーをスリリングにすることを知っている。彼が初めて出場したメジャー大会は、ペンシルベニア州メリオン・ゴルフクラブで行われた全米アマ。1916年、14歳の時のことだ。南部のバミューダグラスの遅いグリーンで育ったジョーンズは高速グリーンを知らなかった。メリオンは高速のベントグラスのグリーン。この試合で9mのパットが転がり出して加速し、グリーンをこぼれ、さらに止まらずに小川に入ってしまった。想定外のことが起こって顔面蒼白、しかしやがてそのスリリングさに酔い知れるようになる。

綺麗な高速グリーンはパットの技術力が高ければ想像通りのラインに転がり、カップインの確率が増すことを知ったのだ。こうしたことから、ジョーンズは高温多湿のオーガスタナショナルではベントグラスを使えなくとも、限りなく高速になるグリーンを求めたのである。1981年からは暑さに強いベントグリーンが開発され、張り替えたことで超高速のガラスのグリーンとなっている。

さらにオーガスタナショナルのグリーンは、複雑な傾斜が難しさを増している。

「グリーンは傾斜が大小様々に組み合わされていて、しかも高速ときているから、カップから遠ければ遠いほど2パットでも収めるのが難しくなる。とはいえ、マスターズではカップから周囲1・5mと近いところは平らな部分にピンを切るため、正確にピンを狙えるショットが打てればバーディチャンスは増える。だからアベレージ・ゴルファーは無理をしてパーオンは狙わず、グリーン周りからのアプローチショットでピンに寄せてしまえばパーも取れるし、ボギーは楽にとれる。プロには正確なロングショットを求め、アマチュアはアプローチで寄せてしまえばいいということになる。プロには厳しく、アマチュアにやさしいルートがあるということです」

オーガスタナショナルのグリーン総面積は10万㎡もある。これは当時のゴルフコースでは信じられないくらいの大きさ。オーガスタナショナルの影響でその後多くのゴルフコースが巨大なグリーンを造ったが、それでも平均で7万㎡と及ばない。さらにオーガスタは複雑な傾斜が入り組んだポテトチップ型のグリーン。オンできたからといって決して安心などできない危険なグリーンなのだ。3パットは当たり前、2パットでしのいでいければいい。まさに今のマスターズでも現実に起こっている状況である。

†ホールの距離についての考え方

引退後のジョーンズの願いは「家族や仲間とゴルフを愉しみたい」というものであり、コース造りもその考えを具現化させるものであった。オーガスタナショナルももちろんそのために設計される。家族は＝メンバーとなり、それは＝アベレージ・ゴルファーとなる。仲間は＝戦ってきた選手であり、それは＝エキスパート・ゴルファーになる。故にその二種類のゴルファーが愉しめるゴルフコースとなったわけだが、それはティグラウンドによっても使い分けられる。アベレージにはレギュラーティが用意され、選手たちにはフルバックティが造られた。

「アベレージ・ゴルファーが飛距離で苦しむコースであってはならない。ドライバーを普通に打って、谷を越えられないとか池に入るようではいけない。クロスバンカーもなるだけ少なくしてティショットを愉しんでほしいのだ。そうして楽にボギーであがってほしいし、アプローチが上手くいけばパーも取れる。しかし、エキスパート・ゴルファーにとっては距離が長くなり、しっかり飛距離を出して正確に打てなければピンを容易に狙うことはできない」

ホールでの距離に関するジョーンズの考え方である。つまり、フルバックティでプレーすればコースは一気に難しくなり、チャンピオンズコースの誕生となるわけである。これまでの南部にはなかった、ジョージア州にもなかった、全米オープンなどのナショナル選手権を行える初めてのコースだ。

ジョーンズは、そうしたチャンピオンコースになることを完成する前から高らかに宣言していた。全米オープンは時期の問題で開催できなかったが、自らが招待する試合は実現する。そしてチャンピオンたちが挑戦を愉しむには、それだけの距離が必要となる。ジョーンズは飛ばし屋だった。身長168cm、体重70kgのどちらかと言えば小柄なアメリカ人が、ドライバーで平均270ヤード、ランが出れば300ヤードを飛ばすことができた。

ちなみに1935年のマスターズ第2回大会でジーン・サラゼンが15番ホールの500ヤードパー5でダブルイーグル、つまりアルバトロスを達成して歴史的な記録となるが、それ以前の1921年、英米アマチュア対抗戦（後のウォーカーカップ）でジョーンズは520ヤードのパー5を2打でカップインしている。試合前に英国のキャプテンであるシリル・トリーが「パー5を2打であがったら、私がその名前をつけましょう」と言い、「ならば私がやりましょう」とジョーンズが受けて立ち、本当にやってのけてしまったのだ。

試合後のパーティで、トリーがユーモアたっぷりに海鳥のようなあきれた飛距離だと、「アルバトロス」と命名したのである。ホールインワンよりも達成確率が低いといわれるアルバトロスは、ジョーンズのおかげで命名されたと言ってもいい。

ここで言いたいのはアルバトロスのことではなく、ジョーンズが520ヤードを2回で入れられる飛距離を持っていたということだ。つまり、ドライバーで300ヤード近くは飛ばせていたわけなのだ。そんな飛ばし屋のジョーンズが満足するコースとなれば、当然距離は長くなる。オーガスタナショナルは1933年の正式オープン当時から、フルバックティからは全長6900ヤードもあるコースだった（1959年には全長6980ヤード）。パー4には450ヤードのホールなど距離の長いホールが多く、ドライバーが正確でしかも飛距離が出なければバーディをとるのはかなり難しくなっていたのだ。

そしてこのことは、時代によって変化することを良しとしている。ジョーンズ自身もマスターズの試合展開を見て、コースを改造したり長くしたりしている。ジョーンズの時代はヒッコリーシャフトだったが、マスターズが始まってからスチールシャフトとなって飛距離が伸びたからだ。さらにメタルウッドになって飛距離が伸びる1999年には全長7100ヤードを超え、チタンウッドでさらに飛距離が大きく伸びた。2002年には、トム・ファジオによる大改造により7400ヤードと非常に長いコースとなる。11番ホールは500ヤードを超えて505ヤード、パー5はすべて500ヤード以上になった。2020年には7475ヤードとなっている。

オーガスタはオープンした1933年から今までホールの長さだけでなく、バンカーを増やしたり移動させたり樹木を加えたりなど、いろいろな改修が行われている。しかし、コース全体が持つ精神はオープンした時のままだ。ジョーンズのゴルフへの考え方を寸分違わずに踏襲しているのだ。

「伝統は守るだけでは古びて滅んでしまう。伝統は、創業時の精神はそのままに、常に時代とともに変化していくことで成り立つのだ」

これは常々私が抱いている考えだが、古くなったからと跡形もなく壊して、まったく新しいものにしては伝統は作れない。壊すのではなく変化させる。ヨーロッパの伝統の有り様をオーガスタナショナルとマスターズは実践しているのだ。

「変わるけれど変わらない」

†バンカーはゴルファーへの罰ではない

さらにオーガスタナショナルは、前述したようにバンカーを極力少なくしている。アベレージ・ゴルファーと一緒に回っていて、ジョーンズが最も気の毒に思うのがバンカーショットだ。蟻地獄にはまった蟻のようにもがき苦しむ。顔が紅くなり、やがて青くなる。

「バンカーで苦しんでいるゴルファーを見るのが辛いのです。何度打っても脱出できない。それではゴルフが愉しくなくなってしまいます。ゴルファーに恥をかかせるようなコースは良いコースとは言えません。ですから必要以上のバンカーは作りません」

ジョーンズが考えるバンカーとは、ゴルファーに罰を与えるものではない。

「バンカーを作るのであれば、トラブルになるのを防ぐバンカーです」

トラブルを防ぐバンカーとは、例えばグリーン奥のバンカーである。グリーンオーバーしてどこまでも転がって行くのを防ぐバンカーだ。グリーンサイドのバンカーもグリーンを外した時に崖下に落ちるのを防ぐ。つまりはそういった少しのミスショットが大きなトラブルを招いてしまうのを防ぐバンカーだ。言ってみればゴルファーを守るバンカー。こうしたバンカーはホールレイアウトをよく見ればわかる。

「オーガスタナショナルのバンカーは選手を苦しめるものではなく、助けるものなのです」

ジョーンズの優しい性格。ゴルフ愛の深さが表れている。

当初、アリスター・マッケンジーは36のバンカーを用意していた。しかし、ジョーンズはこれを却下。22にまで減らしている。現在でも50あまりで、普通のコース平均80を大きく下回る。モンスターと言われるオークモント・カントリークラブの210のバンカーと比べてみれば、その少なさがわかろうというものだ。

ジョーンズの指示でバンカーが一つもないホールも作られ、14番ホールは今もバンカーは一つもない。とはいえ、バンカーを減らして単純にやさしくしようという気はさらさらない。エキスパートには簡単にピンを狙えないよう、7番ホールは距離は短いがフェアウエイは狭く、グリーンは5つのバンカーがぐるりと取り囲んでいる。とはいえこれらのバンカーには、アベレージ・ゴルファーがよりトラブルに巻き込まれるのを防ぐバンカーも存在しているのだ。

さらにジョーンズとマッケンジーが賛美するセントアンドリュースをモチーフにしたホ

ールも、オーガスタナショナルには存在する。マッケンジーが死ぬ前にそのことを書き残している。

4番パー3は「セントアンドリュースの有名な11番ホールにまったく同じといっていいほど似ている」。

5番パー4は「セントアンドリュースのあのロードホールと呼ばれる17番と同じタイプのホールである」

7番パー4は「セントアンドリュースの18番ホールと特徴が似ている」

14番パー4は「このホールはセントアンドリュースの6番と共通点がある」

17番パー4は「このグリーンはセントアンドリュースの有名な14番と似ている」

どこがどう似ているのかは、各ホールを解説する章を最後に設けるのでそこで明らかにしたいが、あくまでこれはコースデザイナーとしてのマッケンジーのしゃれっ気である。もちろん聖地の魂を少し入れたかったのであろうが、それよりも彼の粋、密かな愉しみだったと言っていいだろう。

オーガスタナショナルのコース設計は土地を見聞した上で図面上にデザインされ、1931年11月に着工して手直しを行い、1932年3月に最後の一つのホールを詳細に設計施工して、その年の5月に完成する。着工から僅か7カ月で完成したわけである。これは、いかにマッケンジーが土地の自然を生かした設計を行ったかの表れである。何も足さず引かずいじらず。丘陵地のアップダウンや傾斜やマウンドを生かし、小川や池をアクセントにし、必要最低限のバンカーを設置していった。その中にアベレージ・ゴルファーとエキスパートのルートを示し、グリーンを整えていったのである。

こうしてオーガスタナショナルは１９３２年の12月に仮オープンし、翌１９３３年の１月に正式オープンする。ここまででも、着工から僅か1年2カ月しかかかっていない。それでいて、やがては世界最高とまで言われるコースに仕上げてしまったのだ。

マッケンジーは完成前に最も愛した住まい、カリフォルニア州のパサティエンポ・ゴルフクラブに戻った。オーガスタナショナルのオープニングパーティに出ることもなく１９３３年の暮れに冠静脈流血栓症で倒れ、翌１９３４年の1月6日、第１回マスターズが開幕する少し前に自宅で息を引き取った。まだ63歳だった。

「オーガスタナショナルは私の最大の仕事であり、最高の出来映えだった」

それが彼の最後の言葉だった。

――マスターズ創始者から学ぶゴルフ上達の名言――

「愉しんでこそゴルフ。
悩まず、苦しまず、怒らずに」（ボビー・ジョーンズ）

「ゴルフ友達を大切にし、生涯の友とせよ」（ボビー・ジョーンズ）

「自分の実力を知り、身の丈に合った
ゴルフをすれば、ベストスコアが出るものだ」（ボビー・ジョーンズ）

「ゴルフは耳と耳の間のゲームだ」（ボビー・ジョーンズ）
＝体力よりも知力が優るゲーム

「オールドマンパーを常とせよ」（ボビー・ジョーンズ）

第 2 章

マスターズがメジャーになった秘密

オーガスタナショナルGCのクラブハウス(©AFP=時事)

†すべてはジョーンズのグランドスラムから始まった

ボビー・ジョーンズは1923年の全米オープンの初優勝を皮切りに、1929年までの7年間に9つのメジャー大会を制覇した。14歳で全米アマに初出場して準々決勝まで進み、神童出現と言われてから7年間もタイトルを獲得できなかった。「最高のスイングとショットを持つが、ヤツは勝てない」と囁《ささや》かれたりもしたが、目の前の相手と戦わず、「オールドマンパー」という仮想のパーおじさんとプレーするという考え方を持つにいたって勝ち方を覚え、出場するほぼ半分の試合に勝つという圧倒的な強さを誇るようになった。

力むことのない滑らかなスイングはまるで詩を詠むようだと言われ、アプローチとパットはやわらかなタッチで音楽を奏でるようだった。ジョーンズの謙虚でいながら堂々とした風格を前にして、相手は戦わずして負けるといった様相だった。こうしたことから、ジョーンズは自分が絶頂期を迎えていることを肌で感じるようになり、1929年のシーズンを終えるや、大目標を掲げた。

「4つのメジャー大会すべてに優勝し、グランドスラムを達成する」

その目標は誰にも打ち明けはしなかったが。その思いは英国に遠征するようになった頃から、ふつふつと湧き出ていた。1926年に全英オープンに初優勝してからは、全米オープンと全米アマは毎年のように獲得している以上、残るタイトルは全英アマだけとなった。シーズン最初のメジャー大会となる全英アマを制すればグランドスラムが現実味を帯びる。1930年、ジョーンズは英国に向かう大西洋を走る船の中でその思いを強くしたのだ。

とはいえ、ジョーンズはマッチプレーが好きではなかった。全英と全米オープンはストロークプレーだが、全英と全米アマはマッチプレーで争われる。しかも準々決勝からは36ホールで競うが、1、2回戦は18ホールと短期決戦。ジョーンズはスロースターターであり、序盤の試合を取りこぼすことも多かった。1929年の全米アマはまさにそれが起きて1回戦で敗退した。

5月26日から始まる全英アマも、先ずは初戦が勝負と考えていた。

「ゴルフで最も番狂わせが起きるのは18ホールのマッチプレー」

ジョーンズはそのことを肝に銘じて1回戦を戦う。舞台はセントアンドリュース。ジョーンズが初めて英国で戦った時に、無残な大叩きをして棄権するという恥ずべきプレーをしてしまったコースだったが、それ以降、この神様の創造物を知るにつれて愛するようになり、1927年にはこのコースで全英オープンを制した。

「自分以上にこのコースを知り得る者はいない」

そうまで自信を深めていただけに、1回戦は完璧なゴルフで、食い下がる強敵を退ける。2回戦・3回戦・準々決勝と進み、優勝はほぼ間違いがないと思われた準決勝で試練が襲う。相手は全英アマ2勝を誇る飛ばし屋、シリル・トリー。ハーフを同点、ラウンドを終えても同点で、次の18ホールも両者一歩も引かない。この日は暴風でコースはドライでコンクリートのよう。グリーンはまさにガラスのようだった。

17番は有名なロードホール。ジョーンズは300ヤード飛ばしてピンまで170ヤード。ショートすればバンカー、オーバーすればロード（道）という難しいセカンドショット。グリーン手前からボールが走り、ロードまで転がり落ちるまさにその時、ギャラリーに当たって止まる。ジョーンズはパーを拾い、トリーもパー。最終ホールは二人ともグリーン手前の深いくぼみである「罪の谷」、ヴァレー・オブ・シンに落としたが寄せてパー。ジョーンズのパットはカップの縁に止まり、惜しくもバーディを奪うことはできなかった。

勝負はエキストラホールに持ち越され、サドンデス。その1番でジョーンズのショットがカップ手前に止まり、それがトリーのパットを邪魔するスタイミーとなった。1951年まではルールでグリーン上のボールはピックアップできない。しかも相手のボールに当たったら負けとなる。トリーはニブリック（今の9番アイアン）でチップしたが、カップには入らず、ジョーンズに勝利が転がり込んだのだ。

スタイミーになったのはまさにラッキー、幸運だった。

「ジョーンズに勝利の女神が微笑んだ」

街を空《から》にしたとされる大観衆が、ジョーンズを讃えたのだった。

この熾烈な準決勝を二度の幸運によって勝利した後の、ジョーンズの決勝は7－6の圧勝。ジョーンズにとって初めての全英アマのタイトルとなった。ともかく、最初のメジャーを勝ち取った。

続くメジャー二つ目は6月19日から始まる全英オープン。舞台はホイレークの愛称で親しまれている名門ロイヤルリヴァプール・ゴルフクラブ。大会前のクラブ主催の夕食会でジョーンズはメンバー全員が来ているテールコートが気になった。深紅の燕尾服。襟と袖にブルーの飾り。真鍮の金ボタン。歴史と伝統を着用しているとジョーンズは感激した。それがわかった前会長のケネス・ストーカーがジョーンズに言った。

「今回の全英オープンに優勝したら、この赤いコートを君に進呈しよう」

36ホールの予選会を危なげなく突破し、本戦は3日間で最終日に36ホールを回る。初日2日目を終えてジョーンズは強豪プロを抑えて首位に躍り出る。最終日午前の18ホールはイングランドのプロ、大男のアーチー・コムストンが怪力で飛ばし、ジョーンズを1打逆転して首位に立つ。午前中の曇天微風が午後は強風に変わる。あまりの強風で、ジョーンズはスタートから恐怖心に襲われる。

1番をパーで切り抜けた2番ホールで、全英アマに起こったような幸運が再びジョーンズにもたらされる。右に飛び出したティショットが警備員に当たって、寄せやすいバンカーに入る。警備員はかすり傷ひとつなく、ジョーンズのセカンドショットはピンに寄ってバーディをたぐり寄せる。一方コムストンは1番ホールで80cmのパーパットを外して一気にしぼむ。ジョーンズは堅実にオールドマンパーを行使するが、8番ホールでよもやの「アングリーセブン」。グリーンにボールが乗ったが前下がりのため転がり落ち、寄らず入らずのトリプルボギーの7を叩いたのだ。

「両耳が真っ赤になった」と、見る者も驚くような怒りがジョーンズの顔に出た。

「マッチプレーでは1ホールの大叩きはそのホールを失うだけだが、ストロークプレーでは試合そのものを失う」はジョーンズ常々の言葉。堅実なプレーを信条にするジョーンズは滅多に大叩きはしないためにストロークプレーを得意とするが、ホイレークの罠にまんまと引っかかったのだ。

ゴルフに怒りは大敵とされるが、ジョーンズはその怒りで闘争心に火が付いた。冷たい海風の中、勝利に向かってファイト溢れるプレーを続け、16番のポットバンカーは、しゃもじのような形のコンケーブクラブを使って脱出（当時のルールでは認められていた）、しかもあわやチップインの妙技を見せてバーディ、全英オープン三度目の優勝を成し遂げ、深紅のテールコートに袖を通したのだった。

†ゴルフコースには、ゴルフの神様が存在する

英国からアメリカに戻ったジョーンズ。ニューヨーク港は祝福したい市民でごった返しのお祭り騒ぎ。ジョーンズ夫妻を乗せたオープンカーがブロードウェイをパレード、ビルというビルから紙吹雪が舞い降りる。その光景を眺めながら、自分の幸運をジョーンズは思う。

「ゴルフの神様が私を守ってくださっている」

ジョーンズの実力は際立っているとは言え、ゴルフは絶対がない不確実なゲーム。優勝するためには必ず幸運が必要だと痛感していた。つまり、ゴルフの神様が自分に味方をしてくれなければ勝てない。そのことをジョーンズは強く感じたのであった。

ジョーンズはニューヨークからアトランタに帰る暇もなく、ミネアポリスへ向かった。インターラーケン・カントリークラブで開催される全米オープンに出場するためだ。40度近い猛暑の中、予選会を無事に通過して本戦。初日を2位で終えた2日目にまさかの事件が起きる。

485ヤードパー5の9番は、飛ばし屋のジョーンズにとって2ショットホール（2オン可能なホール）。セカンドでスプーンを握り、池越えのグリーンを狙う。クラブを振り上げてダウンに移った時に、二人の少女が生け垣から飛び出しフェアウェイを横切ったのだ。「あっ」とたじろぎながらも瞬間的に少女を避けて打つ。が、ハーフトップだった。ボールは一直線に池に向かう。ところがボールは池の水面を弾け飛び、三度の水切りショットとなって向こう岸の土手に上陸。アプローチを寄せてバーディを奪ったのだ。

「リリーパッドショットだ」とギャラリーの一人が叫ぶ。リリーパッド、つまり睡蓮の葉がボールを地獄から天国に運んだというわけである。今もこのショットの名は、コースの歴史に刻まれている。

2日目を終え、ジョーンズは首位から2打差の2位タイ。上位10人が5打差でひしめき、ジョーンズ以外は全員プロ。しかもトミー・アーマーやウォルター・ヘーゲンなど強者ばかりだった。

最終日は36ホールをプレーする。午前の18ホールはジョーンズ絶好調で68であがり首位に立つ。マッシーニブリック（7番アイアンのこと）のショットが、ピンから平均80cmに付くという精度の高さだった。

午後の最終ラウンド、ジョーンズは16番ホールが終わって2位に1打差まで詰め寄られていた。17番パー3は当時世界最長の262ヤード。グリーン右は湿地帯で、急に湿度を増した気候にグリップがべとつき、ジョーンズは罠に打ち込んだ。痛恨のダブルボギー。最終ホールでジョーンズは12mのパットを残す。体が震えているのがわかる。慎重にラインを読み、運を天に任せたパッティング。傾斜を登り切ったところで7、8cmフック。そのボールがカップに沈んだ。このバーディでミスが帳消しになるか。

ロッカールームでシャワーを浴び、やるだけのことをやったとの思いでジョーンズは爽やかだった。「引退したら何をするか?」の質問にジョーンズは英国の詩人、ヒレア・ベロックの詩を吟じてほしいと言った。その最後の一節。

「ぼくが少年だった頃に、少年だった男たちと腰をかけ、一緒に飲みたい」

ジョーンズの手には、ラウンドの疲れを癒やすコーンウイスキーのソーダ割りのグラスがあった。生まれ育ったジョージア州のバーボンと言えるトウモロコシの酒。「ジョージアムーン」か「サザンコーンウイスキー」か。ジョーンズの好きな無骨な酒だった。

ジョーンズは最後のパットが入らずとも勝てた。2位に2打差をつけての優勝だったのだ。この大会でもゴルフの神様が助けてくれたと思える、奇跡のリリーパッドショットが出たのだった。

ジョーンズはグランドスラム3大会を制覇した。残るは全米アマ。ジョーンズは7月の全米オープン後、約2カ月間、アトランタで本業である弁護士の仕事をして、父や友人たちとゴルフを楽しんだ。こうして9月22日、全米アマの舞台、メリオン・ゴルフクラブに立った。14歳で挑戦した初めてのメジャー、全米アマもメリオンだった。

「メリオンに始まり、メリオンで終わる」

この不思議な縁はハッピーエンドを用意しているのかどうか。予選はストロークプレー、決勝進出は上位32人。ジョーンズの決勝1回戦の相手はカナダ随一の名手で、アイスホッケーの国家代表選手でもあるサンディ・サマービル。互いにほぼ譲らず、勝負の分かれ目となったのは7番ホール。ジョーンズはグリーン上で僅かにサマービルのボールに妨げられることなくスタイミーを免れ、しかも高速フックラインをねじ込んだ。ほぼ同じラインでありながらサマービルは髪の毛1本外れ、それが契機となって大差でジョーンズが勝利を収める。午後の2回戦は相手の拙いプレーに少し緩んだものの勝利。18ホールと短いだけに取りこぼしやすい1、2回戦を制し、36ホールの準々決勝、準決勝はギャラリーの大声援に包まれ、戦わずして勝つが如く圧勝した。

決勝戦は9月27日。相手はプリンストン大学を卒業したばかりのユージン・ホーマンズ。ギャラリーは世紀の瞬間をこの目で見たいと、1万8000人にまで膨れ上がった。スタート前の記念写真ですでに圧倒されている若きホーマンズ。ジョーンズは柔和な笑みを湛えるだけだ。すでに勝負は付いていた。

午前の18ホールでジョーンズが7アップ。午後の10番で早くも勝負が付くと誰しもが思ったところで、ジョーンズがまさかのダブルボギー。当時のスコアカードが残っているが、この10番にジョーンズは6を書くと同時に"Haha"と記している。自分でも馬鹿馬鹿しいダブルボギーであったのだろう。とはいえ、次の11番できっちりとOKパーに寄せ、ホーマンズが笑顔で握手を求めて投了。グリーンを何重にも囲んでいたギャラリーがジョーンズに叫びながら駆け寄り、ジョーンズのグランドスラム達成を讃えた。

ジョーンズはとうとう偉業を成し遂げた。「我見たり、我来たり、我勝てり」と言ったユリウス・カエサルの如き強さだったが、そうした周囲の評価とジョーンズの思いは違っていた。

「結果だけを見れば、私はメジャー4大会で誰にも負けなかった。しかしそのほとんどが2ストローク以内の差で競り勝ったものだった。しかもその中には私にとって奇跡的な勝利が何試合もあった。どちらが勝ってもおかしくはない勝負。私がグランドスラムを達成したのは幸運でしかない。神様が私をお守りしてくださったとしか言いようがないのだ」

ジョーンズは試合前には必ず、ジョバンニ・パピーニの『キリストの生涯』を読んで、心を静めてから眠りにつく。敬虔なクリスチャンであった。ジョーンズはいつの日からか、ゴルフにはゴルフの神様がいると考えるようになった。

「優勝は実力だけではものにできない。運が必要であり、その運は神様がもたらしてくれる。そのためには神様がいつも私を見ていると思い、常に正直であれと言われている気がするのです」

これはジョーンズ最大の信条であった。1925年の全米オープンで、ジョーンズは「アプローチする時にボールが動いた」と1打罰を自己申告した。誰も見ていない自分だけが知り得る出来事だったが、正直に申し出たのだ。ジョーンズはこの1打罰のためにプレーオフに陥り、接戦の末に最終ホールの1打の差で敗れ去ってしまった。試合後、ジョーンズに「あなたは正直すぎる」と声をかけた者がいた。ジョーンズはその人を見て答えた。「銀行強盗をしなかったと言って、あなたは人を褒めたりはしないでしょう」

これがジョーンズという人間であり、常に真摯にゴルフに対峙し、ゴルフの神様を信じていたということになるのである。

ゴルフは審判のいないゲーム。故に自分が審判のゲームである。ジョーンズからすれば自分が審判である以上、当然の申告だったわけだが、それは同時に神様に好かれる行為でもあるのだ。

ジョーンズが信じたゴルフの神様は、ジョーンズにグランドスラムを達成させてくれた。そしてその神様はジョーンズが造ったオーガスタナショナルに宿り、マスターズをいつも天上から見つめているのである。そして、私はマスターズを制覇する優勝者のプレーを見るたびに、そのことを思い知るのである。

†マスターズを現実のものにしたクリフォード・ロバーツの出現

「グランドスラムの達成は幸運が重なった故の奇跡。二度と達成することは叶わない。もはや選手として思い残すことはない」

ジョーンズは潔く引退することにした。これからはアマチュア・ゴルファーのためにレッスン映画を撮り、本を書き、ラジオに出演する。ゴルフは家族や友人たちとのプレーを愉しむ。そのためにはエンジョイできる自分のゴルフコースがあればと、引退前から仄《ほの》かな夢を抱いていた。

しかし、世の中は世界恐慌に陥っていた。1929年秋の株価大暴落で翌年には失業者が4人に一人にまで増加。ジョーンズのグランドスラムは、まさに真っ暗な世の中に明るい光を灯した唯一の出来事だったのだ。とはいえ、世界恐慌は一向に回復する兆しを見せない。そんな時にゴルフコースの建設など夢のまた夢の話だった。ところがそこに、敏腕ビジネスマンのクリフォード・ロバーツが俄に出現したのだ。

「ボブの夢を実現したい。コース建設の資金は自分が集める」

以前からの知人とは言え、この不況下にそんなことを言い出すとは、ジョーンズは夢にも思わなかった。しかしロバーツには勝算があった。暗い世相を吹き飛ばしたジョーンズは、アメリカ人が最も好む世紀のスポーツヒーロー。こんな世相だからこそ、彼が望むことならば出資をいとわない資本家が必ずいる。景気回復をジョーンズに託したい人間が必ずいると踏んだのだ。

ロバーツはアイオワ州の貧しい農家に生まれ、高校を卒業するや衣服のセールスマンとなる。ピストル自殺をした母の悲劇を振り払うかのように、第一次世界大戦では陸軍の通信兵となってオーガスタにも駐屯。戦後すぐに油田開発事業の投資で得た元手でニューヨーク・ウォール街での株取引で大きな財産を作り、不動産業でも順調に成果を上げていた。ロバーツは世界恐慌下でもタフに立ち回り、ジョーンズの夢を実現することでゴルフ場経営、ひいてはトーナメント経営という新たなビジネスの野望を抱いていたのだ。

ロバーツはまず、ジョーンズのゴルフ精神を信奉する実業家を集めてゴルフ倶楽部を創設する。コース建設の前に同志の倶楽部ありき。これは歴史ある名門倶楽部ならば常識であり、日本でも東京ゴルフ倶楽部や霞ヶ関カンツリー倶楽部は同様の成り立ちだ。倶楽部のメンバーが発起人となり、出資者を募り、コース建設費用を集めるのだ。オーガスタナショナルもこの手法で建設資金を集め、用地が見つかるや直ちに購入に発展、ジョーンズの引退声明からちょうど1年後の1931年11月にコース建設の着工となるのだ。不況下でのまさに電撃的な事業の運びは、ロバーツの手腕があってこそである。

さらに1932年5月の完成に向けて世界中から裕福な実業家をメンバーに迎え、着々と南部唯一といってよいチャンピオンコースに仕立て上げていく。しかも翌年の正式オープンに向けて実力のある政治家をメンバーに招き入れ、揺るぎない名コースへの地位を固めていくのである。メンバーはやがて予定数の300名となり、今もそれは変わらない。ロバーツは、彼らメンバーの推挙とジョーンズの承認によって初代オーガスタナショナルの会長に就任する。

ちなみに初期メンバーには日本人もいた。三井物産ニューヨーク支店長だった石田禮助《れいすけ》。後の国鉄総裁になる人物だが、1936年日本に戻る時に退会。それ以来、日本人メンバーはいないとされるがはっきりとはわからない。というのもメンバーリストが公表されたことがないからだ。1990年に黒人メンバーが初めて加わり、2008年に女性メンバーも誕生した。元国務長官のコンドリーザ・ライスである。

ともあれジョーンズはロバーツによって、家族や友人たちとのフレンドシップなコースであればよいという小市民的な考えから脱却、オーガスタナショナルであればナショナル選手権が開けるという大志を描いていく。全米オープン開催の目論見が時期の問題で頓挫するも、ならば独自で大きな大会を開催すればよいとジョーンズに進言したのもロバーツである。

「自分の友人や競い合った仲間たちを招いてトーナメントを開こう」

ジョーンズの純粋な思いを確かなビジネスにしてしまうのが実業家、ロバーツである。ジョーンズが招待する選手名簿を見て、あまりの豪華さに仰天するものの、すぐにナショナル選手権同等の大会になると判断するのだ。地方や国を代表する盟主たちが集まる大会ならば「マスターズ」になると、その名称を思いついたのもロバーツだ。さらには「熾烈な戦いを繰り広げるシビアなメジャー大会とは異なる、招待故の華やかで愉しいゴルフの祭典になる」と新聞記者たちに「マスターズ」の名称と趣旨を伝え、第1回大会からの権威付けと成功の地固めをしていくのだ。

その「マスターズ」の名称は、ジョーンズが尊大すぎると反対して（マスターたちが自らをマスターと言うほど滑稽なことはないという理由）、新聞記者が使う別称となるが、マスターズが第1回から成功したのは、ロバーツがメディアのオーナーをメンバーにしたり、政経済界の大物をメンバーにしたりしていったからに他ならない。もちろん世界一となったジョーンズの復帰第一戦になるように、彼の出場を要請したのもロバーツである。この宣伝効果は絶大だった。

「グランドスラムを達成した不世出のゴルファー、引退したジョーンズがマスターズで蘇る」

ニューヨークタイムズを始め、全米を網羅する新聞や地方新聞まで多くの新聞がこの大会を取り扱うことになった。スポーツ記者はフロリダなどでキャンプを張る大リーグの取材後に立ち寄らざるをえなくなった。ロバーツはオーガスタナショナル独自による自主開催を目標に掲げ、メンバーには自分たちの大会であることの自意識を植え付けた。よって冠スポンサーなど広告主を前面に出すことはせず、主宰はあくまでオーガスタナショナルとした。それがロバーツのプライドであり、ジョーンズの名誉大会であることを第一義とした。そのために開催運営費用はメンバーが捻出することになった。

ところが大会が近づくにつれ、ロバーツの予想を超える出費が明らかになってくる。主力スポンサーなしでは財政がきついと、入場券をオーガスタやアトランタ市民に購入してもらうことにした。ロバーツは「皆さんがこのトーナメントの主催者の一人なのです」と協力をお願いした。この方法は最初は市民がジョーンズを支持することを見込んでのものだったが、その後マスターズを草の根から支えていくものとなった。市民の愛情と愛着がマスターズを育てていくのだ。それ故にマスターズの観客は通常のギャラリーとは呼ばずに、パトロンと言う。出資者なのである。

「南部の人たちに、超一流のコースと超一流の選手と超一流のプレーを見せる」

このことは、ジョーンズのマスターズへの思いと見事に合致したのだ。

1934年3月22日、別名マスターズ、「オーガスタナショナル・インビテーション・トーナメント」が開催された。これまで通常最終日を36ホール行っていたのを、初日から18ホールずつの4日間で競うようにしたのはマスターズが最初と言ってもいい。3日目までに良かった選手が順番となって、ラストとなる4日の最終日がより劇的な展開となるが故である。それも2名でプレーする2サムにして、マッチプレー的な劇的要素を絡めたのも、マスターズが最初だ。

3月に開催したのはこの第1回大会だけで、第2回からは4月第2週の木曜日開催となる。2020年は新型コロナによる影響で、86年目にして初めての秋開催となったものの、常に春の最も気候の良い、アザレアの花が咲き誇る時に開催してきた。第1回大会の出場者は72名の盟主たち。今は世界ランク上位者や大きな大会の優勝者など、90名ほどの盟主だけが招待される、他の150名前後が出場するメジャーとは異なる特別な大会となっている。当初はトッププロだけでなく、ウォーカーカップ（アマチュアの英米対抗戦）の代表選手などトップアマチュアも多く招待された。ジョーンズが生涯アマチュアとしてプレーしたことによるものであり、アマチュアがプロを倒す妙味を与えたいとの思いが窺える。

第1回大会はロバーツの目論見通り、ジョーンズの復帰戦でマスコミを大いに湧かせた。ジョーンズは午前10時36分、ショートゲームの達人で全米プロを2勝するポール・ラニアンと一緒にスタートした。

「3年半ぶりの試合でとても緊張した。初日の1番のティショットでは手が震えてとても不安だった。とにかく打とうとドライバーを振ったら芯に当たって、ボールが大空を突き抜けていった時はとても幸せだった」

ジョーンズはそう述懐している。しかし実戦から離れていたためにパットの勘が戻らず、3パットが多く13位タイに終わった。優勝は脂ののっていた現役のホートン・スミスが初日からリードして、最終日はクレイグ・ウッドに1打差まで追い上げられたものの、逃げ切った。しかし、スミスよりもジョーンズの記事が毎日ニューヨークタイムズなどで大きく取り上げられ、全国ニュースとなった。

†初期ビッグ3、サラゼンとネルソンとホーガン

ジョーンズ人気を離れて純粋にマスターズ自体が世界中に喧伝されたのが、第2回大会。最終日の15番パー5で、ゴルフ史に残る奇跡的なショットが飛び出したからである。しかも第2回目は、ジョーンズが第1回目とアウト・イン（前半の9ホールと後半の9ホール）を入れ替えたことで、勝負に大きく影響するショットとなったのだ。

オーガスタナショナルを設計したアリスター・マッケンジーは、第2回目と同じアウトとインにしていた。それをジョーンズが逆にして1回目を開催したのだ。しかしすぐにこれでは面白い展開にならないと反省、第2回目にマッケンジーの意志通りの元に戻したわけである。つまり、今も同じアウト・インの構成だ。

「インコースは攻撃的なプレーをして、それが功を奏せば13番と15番のパー5でイーグルが出る可能性が高い。その他にも12番や16番などのパー3はバーディが取れる。その他のパー4もバーディが取れる。しかしその一方で、ひとつ間違えばダボやトリプルにもなってしまう。クリークや池に入れたり、林や花園に打ち込んだりすればすぐにそうなるだろう。つまり、30も出れば40のスコアも出てしまうハーフなのだ。首位でリードしている者

は追いつかれるのではないかという恐怖と戦わなければならないし、追う者は逆転優勝できると燃えて挑むことができる。劇的なドラマが生まれるバックナインなのだ」

まさにジョーンズの読み通りに、その後のマスターズはドラマを生み続ける。数度にわたるニクラウスの優勝やタイガー・ウッズの優勝は、まさにドラマを超えるドラマだった。ジョーンズが信じたゴルフの神様に好かれたと言ってもよい優勝なのである。そして、アウト・インを元に戻した第2回大会のジーン・サラゼンの優勝も同様だった。最終日の15番パー5で、サラゼンは235ヤードを4番ウッドで打って直接カップインさせたのだから。ホールインワンよりも難しいダブルイーグル＝アルバトロスを成功させたのだ。

「昨晩友人から、元メキシコ大統領のベニト・ファアレスがつけていたラッキーリングをプレゼントされたんだ。『きっと、いいことがある』ってね。セカンドショットを打つ前に、ポケットに入れていたそのリングを取り出して、キャディの頭でその指輪を二度三度擦《こす》った。このおまじないで魔力が発揮されるかもしれないってね」

このダブルイーグルで3打あった首位のクレイグ・ウッドとの差をたった1ホールで縮めて追いつき、翌日のプレーオフを制してサラゼンは優勝したのである。まさにゴルフの神様が微笑んだ1打だった。しかし、この15番ホールがもし前回の6番ホールであったなら、優勝には結びつかない単なる「2」というスコアだったのかも知れない。アウト・インの交換も、ジョーンズがゴルフの神様に好かれた結果だったのかも知れない。サラゼンはこの時ジョーンズと同じ33歳。このマスターズ優勝で、今で言うグランドスラムをキャリアで（生涯のうちに）達成したゴルファー第1号となった。

1937年は、マスターズから次代を担う新しいスターが誕生した。バイロン・ネルソンである。サラゼンやジョーンズよりも10歳若く、長身でハンサム、優しい笑顔と柔和な性格が人々の心をつかむ、ジョーンズが求めていたゴルフ界における紳士だった。

ジーン・サラゼン

ネルソンは最終日のバックナインを優雅な身のこなしとともに、32という好スコアであがり、見事な優勝を果たす。ジョーンズのことを書いてきた著名なゴルフライターであるO・B・キーラーはネルソンのプレーを見て、18世紀末の英国ロマン派の詩人、ジョージ・ゴードン・バイロン卿の詩を思い出す。それは「ナポレオン最後の決別」の一節であると私は確信する。

バイロン・ネルソン

『燦爛《さんらん》たる勝利の日をその両眼に凝視して、
今尚、悠々として高く蒼空《あおぞら》に飛翔せり』

ネルソンの勝利をナポレオンの燦爛たる勝利に重ね合わせたのだ。これによりO・B・キーラーは、25歳のバイロン・ネルソンを「バイロン卿」と呼んだのである。それ以来、ネルソンは94歳で死ぬまで多くのゴルファンから「バイロン卿」と親しまれた。

1942年の第9回大会は、バイロン・ネルソンとベン・ホーガンの白熱した戦いとなった。彼らはテキサスの同じコースでキャディ時代からのライバル。1912年生まれの同い歳だが、天才肌で陽気なネルソンが一足先に花開き、努力家で陰気なホーガンはなかなか勝てないでいたが、勝負所で危険球となりえる持ち球のドローを捨ててフェードに変えてからショットが安定して一気に強くなり、ネルソンと肩を並べるようになった。

この大会では初日から両者がっぷり四つに組んだ形となり、最終日もほぼ互角の戦いで、17番ホールを迎える。この時点でネルソンはホーガンに2打リードの首位。ネルソンは2

打目をガードバンカーに入れ、ボギーとして1打差。最終18番ホールはホーガンが決死のバーディを決めて土壇場で並び、史上二度目の翌日18ホールのプレーオフとなる。その夜、ネルソンは神経性の胃痛となったが、試合が始まれば「バイロン卿」の優雅なプレーがホーガンを突き放し、二度目の優勝を遂げた。

「同じゴルファーとして、これほど胸を熱くした試合は見たことがなかった」とジョーンズに言わしめる熱戦だった。最終日を終えても観衆のほとんどはオーガスタにとどまり、ジョーンズと同じ気持ちを味わった。

この名勝負によってマスターズの評判は一段と高まったが、アメリカはこの大会後に第2次世界大戦に突入、マスターズも中止となり、3年のブランクが生じてしまうのだ。ボビー・ジョーンズは情報将校として戦場に赴いた。

†戦後はホーガンとスニードの二強時代

「戦争は終わった。すぐにマスターズを再開しよう」

熱い思いがロバーツを駆り立てた。盟主たちの本物の戦いを間近に見てロバーツは心底感動した。ビジネスを超えたスポーツマンシップに心打たれたのだ。

「選手たちは賞金のためにマスターズを戦ってはいない。自分のプライド、名誉のためだ」

それはアマチュアスピリットを生涯重んじたジョーンズがもたらしたものであり、ロバーツにとってもかけがえのないものとなった。

「マスターズをメジャートーナメントにする」

これが、ロバーツの夢と希望になった。母を自殺で亡くし、父は列車に轢かれて死んだ。暗澹たる境遇の中で金だけが彼の信じられるものだった。ところがジョーンズと知り合い、金に換えられないものを手に入れた。マスターズだった。大いなる生き甲斐となったのだ。

1860年から始まった全英オープンと1895年初開催の全米オープンはすでにメジャー大会の地位にあり、プロが隆盛を極めてきてからは、全英・全米アマに代わり、1916年から始まった全米プロが新しいメジャーの一角を占めた。グランドスラムは4大会であるべきで、あと一つは1934年初開催と後発ではあるが、マスターズがメジャーとして世の中に認められることがロバーツの願いであり、ジョーンズの望むところだった。

戦争中、食糧危機のためにオーガスタは七面鳥飼育場となり荒れ果てた。ロバーツはドイツ人捕虜に約半年働いてもらい、ゴルフコースへと復興させた。さらにはホテルが荒廃したため、宿泊するメンバーのためにコテージを10棟造り上げ、そのうちの1棟はジョーンズキャビンとした。ほとんど費用をかけずに短期間で復興を成し遂げ、マスターズは1946年第10回大会を開くことができたのだ。

記念すべき戦後初のマスターズは、ホーガンの悲劇によってさらに名声を広めることになる。ホーガンは最終日最終ホールをピン約4mに付ける。入れれば優勝のバーディパット。ホーガンはこれを外し、何と返しも外したのだ。プレーオフにも持ち込めずに敗北。優勝を逃して落胆したホーガンは、地獄にまで落ちてしまったように見えた。

人は喜劇よりも悲劇を好む。シェークスピアを世界的な作家にしたのは『ハムレット』『マクベス』『オセロ』『リア王』の4大悲劇だ。ソポクレスの『オイディプス王』やアイスキュロスの『オレスティア三部作』などのギリシア悲劇が今なお上演されるのは、人の悲劇を知って自分の幸福を思うからである。無口で陰気なホーガンは、人並み外れた練習をする努力の男。その献身的な努力が実らない悲劇故に、ホーガンを愛する人が増えたのは間違いのないことだ。

戦後3年目の1948年はタイガー・ウッズを世界的名手に押し上げた名コーチ、ブッチ・ハーモンの父、クロード・ハーモンが優勝する。この年はジョーンズのマスターズ最後の出場となる。第1回から12回出場して最高成績は第1回の13位タイ。真剣勝負をしていないジョーンズは勝負を争うつもりはなく、もっぱらエキシビションのようにマスターズを愉しむようになっていた。

ジョーンズの腰の調子はその頃から思わしくなく、やがて背中全体が痺れるようになり、クラブが思うように振れなくなった。診断は神経機能障害。8年間に二度の大手術を行ったが改善せず、やがて脊髄空洞症となる。車椅子の生活となり、1958年のセントアンドリュースの名誉市民授与式でも車椅子だった。クラブハウスのテラスからのマスターズ観戦を楽しみにしていたが、それも1968年が最後。アトランタの病院で寝たきりとなり、1971年に天国に召される。享年69歳だった。

脊髄の痛みは相当なものだったらしく、生きる望みを捜す毎日だったという。しかし車椅子姿でも、ジャック・ニクラウスなど多くのゴルファーから尊敬され、サインを求めてくる希望に満ちたゴルファーを励ました。その中には若き中部銀次郎もいた。ジョーンズは息を引き取って、ようやく病の苦しみから解放された。天国ではかつてのライバルたちと、健康な体できっと愉しいゴルフを行っているだろうと信じるものである。

1949年はゴルフ史に残る強烈な個性を放つスターがマスターズから誕生する。ヴァージニア州のアパラチア山脈出身の山男、サム・スニードである。フェルトの中折れ帽をかぶったとぼけた田舎男はウィットに富んだジョークを飛ばしながら、打球も遥か彼方まで飛ばした。1946年の全英オープンに続き、マスターズで初優勝を遂げ、観戦に来ていた英国王室貴族のウインザー公とも謁見、ここでも洒落たジョークを交えて話し、笑いを誘った。次代を担うスターは、この3年後にマスターズ二度目の優勝も果たしてしまうのだ。

1949年のスニードの初優勝で忘れてはいけないのは、グリーンジャケットのことだ。やがてトロフィーや賞金よりも重要となる優勝者のグリーンジャケットは、この年から始まった。ジョーンズがグランドスラムを獲得した年の全英オープンで優勝した際に、ロイヤルリヴァプールのメンバーから生涯メンバーになった証としてもらい受けた赤いテールコート。この時の感激をマスターズチャンピオンにも味わってほしいと、ジョーンズがメンバーのユニフォームとして1937年に作ったグリーンジャケットを、チャンピオンに

サム・スニード

進呈することにしたのだ。

よって、このジャケットは赤いテールコートにちなんでメンバーはグリーンコートと呼んでいる。マスターズ優勝者はこのコートによって名誉メンバーにもなるわけである。ただしこのグリーンジャケットは優勝した年しかコース外に持ち出せない。その後はチャンピオンズ・ルームに保管されてしまうのだ。

スニードもホーガンと同い歳だった。ネルソンとスニードに先を越されたホーガンは、1951年ようやくマスターズに優勝する。悲劇の男は、スニードが初優勝する1949年2月2日にバスとの正面衝突事故に遭う。骨盤の複雑骨折、鎖骨と左足くるぶしと肋骨の骨折。体中に血栓が生じ、手術した医者はゴルフはおろか、歩くことさえままならなくなるだろうと言った。瀕死のホーガンだったが、何と11カ月後のロスオープンに出場。足を引きずりながらも2位となる。彼の怪我が妻のバレリーをかばってのものだっただけにファンが急増。ホーガンは悲劇のヒーローから妻を愛する不死鳥に変身したのだ。彼の愛称の鷹、ホークは今やフェニックスである。

不死鳥は事故翌年の全米オープンを制し、その翌年には遂にマスターズに優勝する。もはや悲劇のヒーローではない。本物のアメリカンヒーローだ。ホーガンはその年の全米オ

ベン・ホーガン

ープンを制して2連覇、さらに1953年は2位に5打差をつけた圧勝で二度目のマスターズ制覇を成し遂げる。この優勝は、幼い時に父を自殺で亡くしたホーガンと自分とをダブらせていたロバーツに勇気を与えた。

「努力を惜しまずにやり続ければ、栄光はこの手に入る」

ホーガンはこの年、マスターズだけでなく、全英オープンと全米オープンにも優勝する。全米プロに勝てば年間グランドスラム達成(1年でメジャー4大会に優勝すること)だったが、日程が詰まりすぎて移動が叶わずに不出場。すでに全米プロは二度制覇していたのでキャリア・グランドスラマーにはなったが、大変に惜しい記録だった。とはいえ、ホーガンの強靭さは並外れている。中部銀次郎をはじめ、タイガー・ウッズなどホーガンを尊敬する選手は多い。

1953年は、オーガスタナショナルと深い繋がりを持っていたドワイト・アイゼンハワー（愛称アイク）が大統領に就任した年でもある。第2次世界大戦の英雄はコロンビア大学の学長を務めていたが、世界をリードするアメリカとなるにはアイクの外交力やカリスマ性が必要と、オーガスタの有力メンバーが彼を後押ししたのだ。ゴルフ好きのアイクはオーガスタとジョーンズを気に入ってメンバーとなり、コースプロのエド・ダドレーからレッスンを受けて上達、スライスを緩和して83のベストスコアも記録している。

ロバーツと懇意になってからはアイクズポンドと名付けた池を作ってもらい、釣りも愉しみ、夜はアイクズキャビンなる別荘でコントラクトブリッジに熱を上げた。17番フェアウェイ左にあった木に何度も当て、「切ってくれ」とロバーツに頼むも無碍《むげ》に拒否され、マスターズの名物ツリー、アイクズツリーとなった。老いてからはスコアがまとまらなくなり「ドント・アスク・ホワット・アイ・ショット！（俺にスコアを聞くな！）」の言葉がバッジにもなったほど。

フランクでユーモアがあり、経済を活性化させてアメリカ国民を裕福にしたアイクは国民から深く愛された。そんなアイクがオーガスタナショナルのメンバーだったことで、マスターズがメジャーへの道を上り詰めていったことも確かなのだ。アメリカ随一の大統領が認めたトーナメントだというお墨付きで。

1954年は前年に続き、またもホーガンが優勝に王手をかけていた。3日目を終えて、2位のスニードに3打の差をつけていたからだ。しかしホーガンはアマチュアのビリー・パットンの猛追に動揺して75を叩き、先に72のパープレーに収めたスニードと並んでしまう。果たして翌日18ホールでのプレーオフに勝ったのは、スニードだった。スニードは84歳の時に語っている。

「1954年のプレーオフは今でもよく覚えている。すべてのホールのピンの位置とホーガンのパット数まで。ミスター・ジョーンズが、マスターズの歴史でこのプレーオフ対決が最も良かったと言ってくれたのはとても嬉しかった。誇りに思っている」

マスターズは劇的なドラマを生み出す。これを契機に1956年からマスターズは、ラジオ放送から新しいメディア、テレビ放映に本格的に切り換わるのだ。筋書きのないドラマは映像こそがぴったりだと、CBSが中継を始めたわけである。しかもこれを提言したのはロバーツであり、それもカラー放送にすることを言い渡したのだ。大手スポンサーを引き入れずに独自でマスターズを開催しているオーガスタナショナルは、会長が絶対的な権限を所有している。それはテレビ放映においても然りだった。

テレビ中継というだけでもラジオとは雲泥の差で出費が嵩《かさ》むのに、カラーとなれば莫大な費用がかかる。及び腰のCBSに、ロバーツは、だったら別のテレビ局に放映権を譲ると引導を渡す。放映権は1年毎の更新。画像への要求は毎年レベルアップされていく。CBSは、まさに蛇ににらまれた蛙。言うことを聞くしかないが、マスターズを絶対にメジャートーナメントに引き上げようとするロバーツに妥協は一切ない。

「マスターズをテレビというメディアでカラー放映すれば、オーガスタの芝の緑やアザレアの花の美しさを画面で見せられる。そのすばらしい舞台に信じられないスーパーショットと劇的なドラマが生み出される。最高のトーナメントを世界中の人に見せることができるのです」

このロバーツの執念が、マスターズ中継を世界一のゴルフ番組に成長させたのである。

†俳優の如きハンサムなヒーロー、パーマーの登場

1957年、ロバーツの考えで、マスターズは2日目が終わった時点で予選カットを行

うようになった。テレビ放映されるようになり、週末は上位による熾烈な争いが十二分に中継されるよう、上位40位タイ（現在は50位タイ）までが決勝に残るという大胆な変更が成されたのだ。和気藹々《あいあい》の和んだムードで大会が行われることを望んでいたジョーンズはこれをどう思ったか。

「自分たちが招待した選手を2日で家に帰させる。そんなことは失礼に当たる」

マナーを重んじたジョーンズならそう言ったかも知れないが、彼は車椅子の生活でマスターズはすでに全面的にロバーツが仕切っていたのだ。

戦前に二度優勝したバイロン・ネルソンは振り返る。

「初期のマスターズは最も愉しめるトーナメントだった。毎年イブニングパーティが開かれ、ハムの塊を焼いたものなどでもてなしてくれた。黒人の4人組コーラスがいろんな曲を歌ってくれるんだ。みんなリラックスしてダンスに興じたりして和んだよね。あの頃はこぢんまりとした大会だったからそれもできたんだろう。戦後、大会が大きくなってパーティはなくなったんだ」

マスターズは盟主たちによる劇的なドラマが必要になり、和気藹々よりも真剣勝負が望まれるようになった。それがロバーツの考えであり、マスターズをメジャーにするキーポイントでもあった。高い視聴率がそれを実証するからである。

予選カットを適用した翌年の1958年、まさにテレビ中継がゴルフ史上最高のスーパースターを生み出した。アーノルド・パーマーの出現である。ペンシルベニア州ラトローブ出身の彼は、彫りの深い顔立ちと魅力的な笑みを浮かべて猛チャージする。どこからでもピンを狙いバーディやイーグルを奪うのだ。恐れを知らない勇敢さは映画のヒーローそのもの。ズボンをたくし上げる無頼の仕草は西部劇のジョン・ウェイン、しかしその顔はゲーリー・クーパー。大俳優を足して2で割ったようなスターがテレビ画面で躍動する。

パーマーのマスターズ挑戦は四度目だった。1954年に全米アマに優勝してプロに転向し、マスターズは55年に初挑戦だった。この時は新妻ウイニーとキャンピングトレーラーでオーガスタにやってきて、ここで寝泊まりして戦った。モーテルの宿泊代さえ払えなかったのだ。結果は10位タイだったが、愛し合う二人には愉しい新婚旅行中のメジャー挑戦だった。翌56年は18位タイ、57年は6位タイになった。パーマーは初挑戦から思っていた。「オーガスタではティショットは距離の出るフェード、グリーンを狙うショットは高くやわらかいボールがいいように思える。自分のショットはその正反対。向いていないかも知れないが、子供の頃から憧れているジョーンズが造ったコースとマスターズには何としてもも勝ちたい。とは言え、自分のショットを変えるつもりはない。ドライバーはグリーンが狙いやすいところに飛ばし、グリーンへは低い正確な球でピンを狙う」

プロとして自信を付けていくうちに、自分のゴルフでもマスターズを制覇できると思えるようになってくる。そして迎えるのが1958年のマスターズだ。

パーマーは初日から70・73・68とし、最終日は1ストロークリードして12番パー3にやってくる。

「風が舞う難しい12番で、私のティショットはやや大きく、グリーンと奥のバンカーとの間に落ちてそのまま埋まってしまった。週の最初に雨が降り、ウェットウェザールールが適用されていた。つまり、この埋まったボールは無罰でピックアップしてドロップできる。競技委員を呼んでそれを告げると『オーガスタではそんな行為は許されない』と言う。ならば『埋まったボールと、ドロップした2個のボールを打って裁定を仰ぎたい』と申し出

アーノルド・パーマー

た。しかし競技委員は怒りを露わにして『認められない』と言う。私も怒りが爆発しそうだったが抑えて、『私は私が正しいと思うことをやります』と告げ、2個のボールを打つことにした。埋まったボールを打ったが、50cm動いただけでダブルボギーとなった。しかしドロップしたボールはピンに寄ってパーとなった。この行為によって失格になると思ったパトロンもいただろう。しかし私はルールを逸脱してはいないと信じていた」

パーマーが次の13番パー5のティショットを放った後、彼の前方には憧れのジョーンズがカートに乗ってこちらに向かってくる。パーマーは今こそ自分の実力を示すべきだと、3番ウッドを握り見事な2オンを果たし、6mのパットを沈めてイーグルを奪う。優勝者の資格があるところをジョーンズに見てもらえたのだ。14番はパー。そして15番のフェアウェイで競技委員が集まり裁定が下った。競技委員長がパーマーに言った。

「パーマー君、競技委員会はあなたがとった行為を正しいと認めます。スコアを3とします」

パーマーはこの言葉を、気持ちの良い音楽を聴くようだったと告白している。こうして18番でバーディを奪い、最終ラウンドを73であがり、初優勝を遂げるのである。

普通のプレーヤーなら競技委員の言うことに黙って従うところだろう。誰でも失格を恐れる。たった1ホールで72ホールを無駄にはしたくないからだ。しかし、パーマーは違っていた。事前にルールを確認、そのルールに従って自分はプレーしているのだという確固たる信念があった。この自分を信じる力が、彼を偉大なプレーヤーにした大きな理由だと私は思う。

パーマーは1961年、全英オープンに初優勝した時の3日目、嵐の中を73という驚異的な好スコアで回った時に、実はバンカーの中でボールが動いたと1打罰を自己申告していた。派手なだけでない誠実さを兼ね備えたスーパースターなのだ。当時の全英オープンはPGAの獲得賞金には加算されず、しかも賞金の安いことから多くのアメリカ選手が欠場していたが、パーマーは自ら乗り込んで優勝し、翌62年も優勝を飾ったことで、「ジ・オープン」としての誇りと伝統を蘇らせたのだ。これは全英オープンを敬愛し、常に正直なゴルフをまっとうしていた尊敬するボビー・ジョーンズのゴルフ精神を、自らに叩き込んでいたからに違いない。いずれにせよ、並のプレーヤーにはできないことだろう。

このパーマーによるマスターズ12番ホールの事件は、このホールを前後のホールと合わせて世界的な有名ホールにする。スポーツ・イラストレイテッド誌の記者、ハーバート・ウインドが11番、12番、13番の3ホールがコース南角に位置していることからコーナーと考え、野球のホットコーナーやバスケットボールとフットボールのコフィン・コーナーにあやかって、「アーメン・コーナー」と名付けてパーマーの優勝記事を書いたからだ。

この名をウインドが思いついたのは当時、ミルドレッド・ベイリーが「シャウティン・イン・ザット・エイメン・コーナー」という曲を大ヒットさせ、曲の中で「エイメン、エイメン」と何度も歌ったことによる。このことからすれば「アーメン・コーナー」ではなく、「エイメン・コーナー」と日本でも呼ぶべきかも知れない。

発音はともかく、これらコース南角の3ホールはイン前半の勝負のカギを握るホールだ。いずれも水絡みのホールでダブルボギーが出やすいため、思わず「アーメン」と祈りたくもなる。F1などのカーレースならば、さしずめ魔のヘアピンカーブと言ったところだ。

1958年のパーマーは12番で自らの信念によってダブルボギーを免れ、13番ではイーグルを奪って「アーメン・コーナー」を巧みなハンドルさばきで無事以上の結果で走り抜けたのだ。

パーマーの合い言葉はいつでも「ゴー・フォー・ブローク（当たって砕けろ）」だった。ゴルフファンはパーマーの恐れを知らぬ勇敢なプレースタイルに熱狂した。マスターズの初優勝でパーマーは熱烈なファンを獲得、いきなり大スターとなったのだ。

†マスターズとテレビ放映

マスターズの繁栄を願うロバーツは、テレビ放映が始まった時に出現したパーマーを神の思し召しだと感じたかも知れない。

「アーニー（パーマーの愛称）の出現はゴルフ界に革命をもたらした」

ロバーツが抱いた通りに視聴率は大変な伸びを見せ、放映料が大きな収入となり、オーガスタは経営面でも大成功を収める。名実ともに４つ目となる完全なるメジャートーナメントになったのだ。４大メジャーの名はまさにパーマーの優勝で確定したと言ってよく、それはパーマーが60年にもマスターズに勝った後、「マスターズを入れて新しい４大メジャーになった」と発言したことで、メディアに浸透したのである。

テレビを見てパーマーのファンになった大集団は、アーニーズ・アーミーと呼ばれた。まるで軍隊のようにパーマーに付き、彼を守るが如くホールを囲んだのだ。パーマーは２年毎にマスターズを制覇していった。１９５８年を皮切りに60年、62年、64年とマスターズに優勝、１９６０年は全米オープン、61年と62年は全英オープンに優勝する。全米プロだけは２位が３回と惜しくも勝っておらず、パーマーはキャリア・グランドスラマーにはなれなかった。

全米オープンは62年にはプレーオフでジャック・ニクラウスに、63年も3人によるプレーオフに敗れた。66年は最終日のアウト終了時点で2位に7打差の大量リードをしていたものの、ホーガンが保持していた最少スコア記録更新に挑んで無謀なゴルフを行使して大崩れ、翌日のプレーオフでビリー・キャスパーに逆転されて優勝を逃してしまうこともあった。つまり、当たって砕け散ってしまったこともあったのだ。

パーマーが引退した時にニクラウスから「刻んだことはあるのか?」と訪ねられ、「ないさ。刻んでいたらもっと勝てていたよ」と答えている。常にピンをデッドに狙ったパーマーらしいコメントである。優勝は逃してもファンはいつもハラハラドキドキして彼のプレーを見守り応援した。60年代前半を怒濤の快進撃でゴルフ界を席巻したパーマーは、ハイフィニッシュの独特のフォームとともに、記録よりも記憶に残る大スターだった。

私は1991年に、フロリダの自宅でパーマーにインタビューさせてもらったことがある。大成功したレジェンドが日本のゴルフ誌の取材を受けることは滅多にないということで、彼のニューヨークの事務所は大騒ぎだった。リビングで話を聞かせてもらったが、パーマーは奥さんとお孫さんに囲まれて幸せそのものの様子。耳が弱くなって補聴器をつけていたが、しっかりといろいろ話してくれた。印象に残っていたのは1960年のマスターズの話。最終日は13番・15番のパー5でバーディさえ取れずに守ってきた首位を逆転され、アーニーズ・アーミーからは悲鳴も聞かれたが、16番で、とんでもなく強いパットを打ってしまうのだ。

「バーディパットだったけど、入れなきゃもはやチャンスなしと思ってカップ目がけて思い切って打ったんだ。それがピンに当たって跳ねて止まってパー。一緒に回っていたビリー・キャスパーが『ピンに当たらなかったらバンカーに入っていたよ』って目を丸くして言うんだ。でもそれで私はついてる、勝てたと思った。17番では8mのパットをぶち込んでやったから。これで首位のケン・ベンチュリーに並ぶことができた。18番は2打目で入れてやると思って打ったら本当に入るかというショットだった。僅かに外れてバックスピンがかかって2mのパットとなった。でも私はここでもガツンと打ってぶち込んだ。ファンは猛り狂ったように絶叫していたよ。本当に気分がよかった。パットは勇気が一番大切なんだ。ロングパットが入る時は強く打ち過ぎた時。臆病なパットはノーチャンスだ。今はビジネスマンゴルファーばかりで勝利への執念がない。勝つのは、いつでも勝てると思っている人間なんだ」

マスターズがドラマを生み出すのか。ドラマを生み出す者が出現するのがマスターズなのか。パーマーは次の名言も残している。

「自信のある自己流は、自信のない正当派に優る」

まさにパーマー優勝のマスターズを象徴する言葉だ。パーマーはこの取材時に写したお孫さんも入った家族写真をえらく気に入って、「ほしい」と言うので、私は写真をパネルにして東京からニューヨークの事務所に送った。古き良き思い出である。パーマーはメジャー7勝、PGAツアー62勝、シニアツアー10勝を挙げた。最も愛したトーナメントはマスターズ。歴代最多となる50連続出場を成しとげるなど、人々に夢を与え続けて2016年、87歳で永眠した。

パーマーの出現でゴルフの試合がテレビに映るようになると、ゴルフファンが急増して、マスターズでも現地でショットが見たいとファンが集まり、ホールサイドは押し合いへし合いの大騒ぎとなる。こうした事態からオーガスタナショナル会長のロバーツはコースロープを張ることを思いつく。

「ロープから中へ入ってはいけません」

ジョーンズの頃でさえ、ジョーンズが最終組であれば、観客はショットを打つ度にフェアウェイにどっと入り込んで後ろから見る。グリーンではぐるりと彼を取り囲む。優勝パットを決めればグリーンにもなだれ込んで彼をもみくちゃにしたものだ。マスターズでもその慣例は続き、ネルソン、ホーガン、スニードのビッグ3時代も同様だった。そこでロープとなるわけである。今はどこのトーナメントでも当たり前になったコースロープだが、その色を緑色にしたのもロバーツである。

「テレビではなるべくロープがないように中継がなされたい」

ロバーツはテレビ映りの観点からコース内にあるものは何でも緑色にした。ショップで販売する折りたたみ椅子やシャツやキャップはもちろん、サンドイッチを包む紙やコップ、ゴミ箱まですべてオールグリーン。マスターズのイメージをより鮮明に打ち出すためだ。

またロバーツはギャラリーを統制し、さらに試合を見やすくするためにギャラリースタンドを設営する。スコア表示板も作り、アンダーは数字を赤字にし、オーバーは黒字にしてわかりやすくもした。スコアボードはボードボーイが手で入れ替える。音がしないようにシューズはゴム底の運動靴限定という念の入れようだ。大抵のトーナメントでは3人でプレーする3サムが通例だが、マスターズは二人でプレーする2サムとしたのもロバーツ。より互いのライバル心を煽ることが目的だ。ペアリングシートをコースの至るところに置いて、選手の誰がいつどこのホールを回っているかをパトロンにわかりやすく提示したのもロバーツである。さらにはニクラウスが2連覇を成し遂げた1966年には18番ホールのティショットを難しくするため、左サイドのフェアウェイバンカーをもう一つ増やしてもいる。コース改造まで指示したのだ。

とはいえ、こうしたことはオーガスタナショナルのメンバーによるマスターズ委員会の、細分化された部署の委員が検討・提案してロバーツの判断で実行されたことが多い。ロバーツはテレビ局に対してアナウンサーや解説者の指定にまで口を挟んだ。より品格のある実況を求めたのだ。マスターズのステイタスを高めるためであることは言うまでもない。

さらにロバーツは規律にも厳しかった。オーガスタナショナルでは当初からビジターのプレーはメンバー同伴でなければできないが、それはどんな有名人や肩書きがあっても同様で、アーノルド・パーマーの父親は稀代のスターである息子が一緒でもプレーさせてもらえなかったし、名のある政治家でもお引き取りを願った。グリーンジャケットを南アフリカの邸宅に持ち帰ったままにしたゲーリー・プレーヤーにも即刻返却を求めている。

ルールに厳格なのはマスターズという大会においても同様で、招待基準を決めればそれは絶対的なこととなり、その基準外の選手は何があっても出場できなかった。練習ラウンドの時間が長引きだした1949年は、練習ラウンドでの使用ボールは1個にするというルールを作り、それを知らずに数個でプレーした選手に本大会出場の権利を取り消したこともある。

常に紺色のスーツに赤いネクタイという格好、鋭いまなざしと眼鏡という風貌もあって冷徹な人間と思われたロバーツだが、情にながされてルールをいい加減に扱えば、すべての事柄がフェアではなくなると考え、オーガスタナショナルのクラブ規則やマスターズの大会規則をボビー・ジョーンズのゴルフ精神に準じたのではないかと推測する。

ロバーツがマスターズの名声を確固たるものにし、メジャートーナメントにならしめたことは確かな事実である。彼がいなければ新参マスターズが4大トーナメントの一つになることはなかったであろう。ロバーツはそのために生涯のすべてを捧げたといってもいい。第1回マスターズから亡くなるまでの40回ものオーガスタナショナルの会長を務めて、マスターズ大会の陣頭指揮を振るったのだから。

そうしてすべてをやり尽くした1977年84歳の時に、脳梗塞や癌を患い、もはや実務はできないと考えてピストル自殺を図るのである。死に方は悲惨だが、自分の最期は自分で決めるというロバーツらしい、人生の幕引きだったように思う。

マスターズ優勝者から学ぶゴルフ上達の名言①

「多くのゴルファーは基本を学ばず、
スコアばかりを気にする」(ジーン・サラゼン)

「スイングに力は必要ない。
必要なのはクラブをバッグに戻す時」(バイロン・ネルソン)

「ゴルフは良いショットよりも
悪いショットをどれだけ打たないかが大事だ」(ベン・ホーガン)

「グリップの握りの強さは
小鳥を潰さないようにするくらい」(サム・スニード)

「パットは勇敢に打て。臆病なパットは入らない」(アーノルド・パーマー)

第３章
ニクラウス、「帝王」の時代

オーガスタナショナルGCの案内板（© wellesenterprises）

†南アの「黒豹」、プレーヤーの登場

１９６０年代はパーマー、プレーヤー、ニクラウスのビッグ３が三つ巴になって戦う面白い10年だった。60年はパーマーがマスターズ２勝目を挙げ、続く61年も最終日最終ホールまでは首位、優勝目前だったが、グリーンジャケットは南アフリカのゲーリー・プレーヤーが着てしまった。

プレーヤーは南アフリカ人。14歳の時にゴルフを始め、18歳でプロとなる。21歳になった１９５７年にアメリカに渡り、ＰＧＡツアーに参戦する。黒は力を与えてくれると、いつも黒の上下の装いのため「黒豹」と呼ばれていた。または「黒い騎士、ブラックナイト」とも。プレーヤーはこの年早くもマスターズに出場、１７０㎝に満たない小柄な体格ながら、切れ味鋭いショットで24位タイとなる。

「初めてマグノリアレーンの入り口に立った時の感激は、言葉にすることができないほどだった。周りは凄い選手ばかりで緊張してしまい、ゴルフの内容は決して良くはなかったけど、24位の成績は、逆に自分のゴルフができれば必ず勝てると自信を持つことができた」

プレーヤーは1959年に全英オープンのタイトルを奪取。当時のゴルフ界では誰もやらなかったフィットネスを採り入れて、ボクサーのようなしなやかで引き締まった筋肉を作り上げた。さらに道具も工夫、当時42・5インチが通常だったドライバーを44インチにまで長尺にして、戦える飛距離を手に入れ、61年のマスターズに乗り込んだのだ。

前年の覇者パーマーは初日から首位に立つが、プレーヤーも闘志を漲らせて2日目にパーマーと並び、首位タイ。3日目はパーマーがダックフックを打って崩れ、プレーヤーが首位となり、パーマーに4打の差を付けた。最終日は悪天候の中、パーマーが気合いでスコアを縮めるが、中止となってスコアは無きものとなり、最終ラウンドは月曜に持ち越される。

ゲーリー・プレーヤー

やり直しの最終日は、うって変わった好天。プレーヤーは前半好調で首位で折り返すが、ひたひたと迫るパーマーに動揺したのか、後半は13番にダブルボギーを叩くなど、パーマーに1打逆転されたまま最終18番ホールを終える。プレーヤーが当時を振り返る。

「パーマーに追いつくには18番でバンカーからのチップインバーディが必要だったが、これが入らずパーで終わってとても落胆した。そしたらどうだろう、今度はパーマーが18番で私と同じバンカーに入れたのだ。そのバンカーショットが何とグリーンをオーバー、返しがピンを通り抜けて4mもオーバーした。それでダブルボギーとなって、私に優勝が転がり込んだのだ」

パーマーのバンカーショットは、ボールが沈んでいてとても難しいものだった。しかし、パーマーはこのことよりも18番のティに立った時に、「このホールをパーにすればいいだけ」と楽勝だと思ってしまった心の油断が敗因だったと語っている。本当にゴルフは最後の最後まで何が起きるかわからない。プレーヤーはその2年前の全英オープンでも、上位陣が総崩れとなってタイトルを獲っている。

「他人は私の優勝を棚ぼただと言うかも知れないが、私は最後までしっかりとプレーしたからこそパーマーに勝てたのだと思っている。彼が負けたのではなく、私が勝ったのだとね。何故ならば、私の妻以外は全員パーマーを応援していた。『アーニー、あのチビの南アフリカ人をやっつけろ!』って叫んだヤツがいたくらいだ。しかし私はその言葉で戦闘意欲に火が付き、絶対に負け犬にはならないと誓ったのだ。アンダードッグにはならないぞって」

マスターズは始まってからこの年まで、ずっとアメリカ人が優勝してきた。プレーヤーは初めての外国選手の優勝者になったのだ。

「ゴルフ界最高のスターを、南アフリカ人が敗った歴史的な勝利だったと誇りに思っている。私のこの優勝で、世界中のゴルファーが自分も勝てると希望を持ったはずだ。実際にこの初優勝から20年後に欧州の選手たちが勝ち出し、さらに私の国を含めて世界中の選手が栄誉を担うようになった。ゴルフの世界的な発展に寄与できたと思っている」

プレーヤー自身は、全米オープン、全米プロにも優勝して、史上3人目のキャリア・グランドスラマーとなる。マスターズは74年と78年にも優勝、三度目の優勝でメジャー通算9勝を挙げるレジェンドになった。プレーヤーは世界中のツアーに挑戦、シニアツアーの優勝を含めれば、実に165勝を挙げている。

プレーヤーの言葉通りに、1980年代から欧州勢がマスターズタイトルを奪取していく。スペインのセベ・バレステロス、ドイツのベルンハルト・ランガー、英国のサンディ・ライルやニック・ファルド、イアン・ウーズナムが優勝する。21世紀に入ってからは南国の島フィジーのビジェイ・シン、アルゼンチンのアンヘル・カブレラといった選手もタイトルを獲得している。南アフリカからはアーニー・エルス、レティーフ・グーセンといったメジャータイトルホルダーが誕生し、マスターズはトレバー・イメルマンとチャール・シュワルツェルが優勝を果たしている。

プレーヤーは、80歳を過ぎてからも元気なプレーを見せている。毎日体を鍛え、「100歳まではプレーする」と意気込んでいる。2020年マスターズで由緒あるオナラリースターターも務めたが、ニクラウスは太ってしまい精彩を欠いていた一方で、85歳のプレーヤーは精悍なスタイルでドライバーショットをぶっ飛ばした。「南アの黒豹」は今も健在。凄い選手であることを世界中のゴルフファンに印象づけた。

マスターズに初優勝した年の翌62年も、元気な南アの黒豹は再び棚ぼたで優勝するところだった。首位を走っていたパーマーが最終日に失速、「らしくない」弱気のプレーで75を叩いて2位のプレーヤーとフィンスターウオルドと並んでしまったからだ。黒豹は手負いの虎を間近に見て、連覇に俄然やる気を出す。しかし一夜明けたヒーローは完全復活していた。プレーオフのパーマーは、ほうれん草を食べたポパイのような怪力でプレーヤーらをノックアウト。パーマーが前61年の雪辱を見事に果たして、この年三度目のマスターズ覇者となった。この優勝で英雄は伝説になっていったのだ。

その1962年は体重100kgの巨漢、オハイオの「白熊」、ジャック・ニクラウスが全米オープンで大旋風を巻き起こした年でもある。1961年に全米アマを制し、翌年プロとなったニクラウスは全米オープンで英雄パーマーと戦ったのだ。舞台はパーマーのお膝元ペンシルベニア州オークモント・カントリークラブ。最近では2016年にも全米オープンが行われているが、「教会の椅子」と呼ばれる広大なバンカーなど、バンカーが210もある世界一難しいと言われる伝統と伝説のコースだ。

1962年の全米オープンはアーニーズ・アーミーの熱狂的な応援もあって3日目までパーマーが首位、最終日も好スタートを切ってほぼ優勝を手中に収めたかに思えたが、何と失速、ニクラウスが追いつくのだ。翌日のプレーオフは、ニクラウスがいきなりドライバーショットをぶちかましてパーマーを30ヤードもアウトドライブして圧倒。最終ホールまで2打差を縮められずに力尽きたパーマーは、グリーン上でニクラウスのボールマークを拾い上げてギブアップ宣言。とは言え、このプレーオフはストロークプレー故、ニクラウスはボールを置き直しカップイン、正式なチャンピオンとなったのだ。この時パーマーは親衛隊に告げたという。

「あの大きな熊は檻を抜け出した。みんな、隠れろ」

スーパースターを完全にKOしたニクラウスは、この日から長い間パーマーの敵役となる。ヒーローを困らせるヒール。力道山のブラッシーやジャイアント馬場のブッチャー、アントニオ猪木のタイガー・ジェット・シンなどなど。昭和の時代はゴルフもプロレスもヒールが凄かった。

†ニクラウス初優勝、悪役から英雄へ

ニクラウスは全米オープンに勝った翌1963年春、その手にマスターズのタイトルをとらんとオーガスタに乗り込んだ。ニクラウスはオーガスタを征服するには持ち球のフェードボールをドローボールにする必要ありとスイングを改造していた。フェードボールの打ち過ぎで左腰を傷めていたこともあるが、ドローボールを上手くものにして、急追したトニー・レマに1打のリードを堅守して逃げ切った。

12番パー3では薄い当たりでグリーン手前のバンカーに入れ、ダブルボギーになりそうなところをボギーで堪え、13番ではパットのライン上に花があるというありえない不運もあったがカップに沈めパー、15番では第2打を曲げて池かと思いきやボールがぬかるみに

ありドロップできてパーと、凌ぎ耐えて最後は運も味方して23歳での史上最年少優勝を成し遂げた。ウイニングボールは尊敬するジョーンズに渡し、パトロンには帽子を投げた。

ちなみにオーガスタはドローボールが有利と言われる。それはジョーンズがドローボールを持ち球にしていたからで、ホールのほとんどが左に緩いカーブを描いている。ドローでフェアウェイに飛ばせばランも出る設計になっていた。ボールが止まる地点はグリーンを見晴らせ、ライも良くできていた。よってサラゼンもネルソンもスニードもパーマーもワトソンもドローボールで覇者となっている。タイガー・ウッズもハイドローで鮮烈な初優勝を成し遂げた。左利きのバッバ・ワトソンは極端なスライス打ちだし、同じく左利きのフィル・ミケルソンもフェードを駆使して優勝している。やはり左曲がりのホールが多いオーガスタには有利なのだろう。

とは言え、ドローはコントロールが難しいボールと言われる。肝心要の勝負の分かれ目でダックフックが飛び出して勝てなかった選

ジャック・ニクラウス

手も多い。若い時のホーガンであり、パーマー然りだ。ロリー・マキロイは2011年、サンデーバックナインに入るまで2位に4打差と大きくリードしていたが、10番で左の林に打ち込んでトリプルボギーを叩き、最終日80を叩いて撃沈してしまうのだ。

フェードでマスターズを制したのは20世紀半ばではホーガンだけだが、優勝までに時間がかかった。しかし、最多優勝を誇るニクラウスは6回の優勝のうち初回以外はパワーフェード。2020年最少スコアレコードを作ったダスティン・ジョンソンもパワーフェードだ。フェードで飛距離が出ればオーガスタも攻められるという証だろう。

さて1963年、マスターズに初優勝したニクラウスは前年度優勝者のパーマーから栄えあるグリーンジャケットを着せてもらった。パーマーは笑顔だったが、ニクラウスは眉を寄せた仁王像の如き形相だった。悪役は勢いを増し、この年全米プロをも制す。しかしヒーローも力を蓄えて蘇生する。翌1964年のマスターズは、パーマーが四度目の優勝を成し遂げてしまうのだ。

「ジャックにだけは勝たせない」と誓って初日をスタートしたパーマーは、お家芸のハイフィニッシュが決まってショット好調で69、2日目は68にまとめて首位、3日目をベストラウンドの69であがると2位に5打差をつけた。最終日のアウトも好調を持続、ホーガンが持つコースレコードも破れそうな勢いだった。

「そうして15番にやって来たんだ。勝つことだけが目標なら池の前に刻めばいい。でも私のファンは2オンを見たがっているし、私だって同様だ。だからスプーンでグリーンを狙った。一瞬、逆光が目に入ったんだ。結果は目が眩んでわからなかった。一緒に回っていたデイブ・マーが笑いながら言った。『ヘイ、アーニー、ボールと一緒にターフまで池を越えていったぜ』と。私は『よし、それが私のゴルフ』と笑い返してやった。こうして最終の18番は余裕があり、6mのバーディパットを沈めて優勝した。まあ、ホーガンのレコードには1打及ばなかったがね」

やはりパーマーはゴルフ界最高の役者だった。そして自身この日が人生最良の日になる予感がした。その予感は的中し、これ以降メジャーを制することはできなかった。しかも1968年と70年の全米プロは優勝を惜しくも逃して2位、キャリア・グランドスラマーにはなれなかった。

1965年のマスターズは、ニクラウスにとって大きな喜びをもたらすものとなった。それは悪役から英雄に変身できたトーナメントだったからだ。オーガスタは絶好の好天に恵まれ、芝のコンディションも最高。フェアウェイは絨毯、グリーンはビリヤード台のようだった。花々も絢爛豪華に咲き誇っていた。

ニクラウスは初日からショットが絶好調で67の2位タイ。首位は65であがったプレーヤーだった。2日目はパーマーが唯一68であがり、パーマー、プレーヤー、ニクラウスのビッグ3が首位で並ぶ。まさに役者の揃い踏みだったわけだが、ニクラウスには初日から「行け、ジャック!」「凄いぞ、全ホールバーディだ!」といった声援があった。

「とうとう、悪役から脱することができた」

そう思うと明るい気持ちになったし、リラックスもできた。この突然の観客の変化は、前年のワールドカップでニクラウスとパーマーがペアを組んで世界一になったからだと私は推測する。アーニーズ・アーミーもニクラウスを認め、オハイオの「白熊」が「金熊」、すなわち生涯のニックネーム、「ゴールデンベア」になったのだ。

この変身によってニクラウスの3日目は、マスターズ人生最高のラウンドとなる。何とノーボギー・8バーディの64のコースレコードを叩き出したのだ。これで一気にプレーヤーに5打、パーマーに8打の差をつけた。

最終日、ニクラウスは敬愛するジョーンズの「オールドマンパー」を肝に銘じてプレーする。アウトを1アンダーで回り、折り返しでスコアボードを見ると追っ手が誰もいないことに驚くとともに心にゆとりがもたらされ、インをさらに「オールドマンパー」の精神でプレーする。10番、11番とパー。苦手な12番では、ピンを狙わずグリーンセンター狙いと心に誓って打つ。

「平凡なパーをもう一つとるだけ」

8番アイアンのショットはピンから2m。ラインがしっかりと読めたことに満足してバーディ。13番ティでははっきりと優勝が意識でき、ホーガンが持つコースレコードスコア274を更新したいと考えた。パー5の13番も15番も果敢にバーディを狙うもパーとなったが、69で最終日を終え、4日間の合計スコアは271。ホーガンの記録を3打も縮める、とてつもないぶっちぎりの圧勝だった。

ジョーンズの「オールドマンパー」を実行してトーナメントレコードを作ったわけだが、そのニクラウスのプレーを観戦していたジョーンズは自分のゴルフとはまったく違う印象をニクラウスのゴルフに抱いた。

「ジャックは異次元のゴルフをしている。私が知らないスケールの大きなゴルフを」

この言葉が、ニクラウスをやがて「帝王」と呼ばれる絶対王者にしていくのだ。

†ニクラウスがテレビを見て気がついた自分のパッティング

ニクラウスは1965年に続き、1966年にもマスターズ覇者となる。

「65年は天候もフェアウェイもグリーンも絶好で、私は最高のゴルフをした。しかし66年はまったく逆で強風が吹き、フェアウェイは固く、グリーンは乾きデコボコ、私の調子も悪かった。絶好調でマスターズに勝ったと思ったら、その後のメジャー3大会はショットが定まらずに惨憺たる成績。パターも入らなかった。ショットはアドレスで左肩が被るクローズとなり、引っかけるプルショットが飛び出す。マスターズ前までに練習で矯正したつもりだったが、本番でそのミスが出てしまった」

ダウンスイングで力が入り過ぎでテンポも速い。二つ上の友人、ディーン・ビーマンから「バックスイングと同じテンポでダウンスイングを始めたら」と言われ、子供の頃からのコーチ、ジャック・グラウドに見てもらうが、一度付いた癖はなかなか直らない。そうこうするうちに、66年のマスターズが始まってしまうのだ。

「初日のスタートからプルショットが出て木に当たる。しかしボールは幸運にもフェアウェイに出てきて、4番アイアンでグリーンに乗せたらバーディが来たりで、前半33。後半も13番で木に当てるが、またもやフェアウェイに出てきて、4番アイアンで乗せて2パットのバーディとして68。参加選手中、唯一の60台だった」

しかし、そうした幸運は続かないもの。2日目は3パットばかりで、パット数何と38回。スコアは76と自身のマスターズ最悪となる。ラウンド後2時間パット練習するものの、良い感触は戻らない。とはいえ2日目は他の選手も悪く、1打差の3位タイ。3日目も苦手な12番でダボを打つなど72。しかし悪天候のため、他も伸びず順位はトップタイ。最終日もドライバーはプルフックで木に当たったりパットも入らなかったりだったが、耐えに耐えてゲイ・ブリュワーとトム・ジェイコブスとの3人のプレーオフとなった。

「一体私はどうしたんだと思っていたラウンド後に、テレビでこの日の録画放映を見たんだ。すると17番で私が1mのパットを外しているシーンが出てきた。その時に『あっ』と気がついた。頭が傾いている。自分ではパターフェースをスクエアにセットしたつもりでもそうなってはいなかったと。すぐに練習グリーンに行って矯正した。もはやパットの問題は解消され、私は気が晴れてその夜はテンダーロインステーキを4枚も平らげたよ」

「ゴールデンベア」の旺盛な食欲が戻った。プレーオフのショットはなおイマイチだったが、パットが良くなった。ニクラウスは70であがり、2連覇を達成した。

この優勝でニクラウスは貴重な二つのことを学ぶ。まずはパット。「スイングもパッティングも自分のことは自分ではわからない、信じたことが間違っていることもあるということだ。録画でたまたま自分のストロークを客観的に見られたために間違いがわかったわけだが、やはりコーチにスイングやパッティングを見てもらう必要がある。そうしないと間違いを改めることはできないだろう」

この言葉は「帝王」ニクラウスにしても、コーチの必要性を言い表している。松山英樹は「かえって迷いが生じる」と言ってコーチを付けてこなかったが、2021年から遂にコーチを付けた。アメリカにコーチ留学をし、TPI（Titleist Performance Institute、ゴルフパファーマンス向上のために設立された施設）レベル3というレッスンプロ資格を取得した若手注目コーチの目澤秀憲《めざわひでのり》だ。松山の一歳年上で同年代だから、松山のスイングやプレーの課題や悩みを一緒に話し合いながら解決していきやすいだろう。試合にも帯同するとのことで、頼りがいのある存在となりそうだ。

今や野球でもテニスでもコーチの存在は必然である。ゴルフもまた然り。タイガー・ウッズもブッチ・ハーモンをコーチにして最初の成功を成し遂げ、それ以降も常に自分に必要なコーチを選んで付けている。

ニクラウスは、パッティングについて次のように言っている。

「ゴルフの優勝にパットが良いことは欠かせない。いくらショットが良くても、パットが悪ければなかなか勝てない。ショットミスは取り返せても、パットミスは取り返せないからだ。しかもパット数は、スコアのかなりのウェイトを占める。故に平均パット数が少ないことがパット巧者の目安かも知れないが、それは当然のことで、その上でここ一番の勝負を決するパットを入れられる者が勝者となるのだ」

ニクラウスは続ける。

「しかしながら、パットは相当にミステリアスだ。グリーンを読み切って入ることもあれば、完璧に打っても入らないこともある。しかし入らないからと言って悩んでしまっては悪魔の思うつぼ。入らないこともあるのがパットなのだ。68であがった時に、友人から『ジャック、パットが入っていたら63であがれたね』と言われた時に、はたと気がついた。それがパットの罠だと。そんなことを思ってはいけないのだ。パットにタラレバはなく、ゴルフにタラレバはないのだ。それがパットであり、ゴルフなのだと」

だからといって練習をしないでもよい、と言うことはない。コーチに見てもらい、絶えず良くなるように調整することが重要だろう。しかし完璧だからと言って入るとは限らないのがパットなのだと、ニクラウスは言いたいのだ。そうすればイップスにはならない。

66年のマスターズに話は戻る。

「3日目を終えて首位から2打差に54歳のベン・ホーガンがいた。尊敬する彼とのラウンドをいつも私は楽しみにしているが、彼はショットは今もなおすばらしいのにパットは惨憺たるものだ。手が動かなくなってしまう。この日のマスターズで好スコアでも、『何度もパットして迷惑をかけた』と記者会見で告げている。老いたら私もホーガンのようにパットが入らなくなり、トーナメントから消えていくのかと暗い気持ちになったものだ」

歳をとるまでもなく、パット巧者が入らなくなって引退する例は枚挙にいとまがない。最近では宮里藍だろう。LPGAでのパットランキングがトップか2位だったのにランク外となってしまい、どんなことをしても元の良いパットには戻らなかった。それはマスターズを創設したボビー・ジョーンズでさえ同様だったのだ。ショットは現役時代と変わらなくともパットが入らない。ひどい成績は過去の栄光を汚しかねない。だから引退となるのだ。さらに言えば、ショットが悪くなってパットまで悪くなることは少ないのに、パットが悪くなるとショットまで悪くなることはとても多い。これもまた引退の要因となる。

†優勝するために必要な4つの要素とは

　さて、ニクラウスが1966年のマスターズ優勝で学んだもうひとつ。それは勝ち方である。

「パットやアプローチはスコアに影響するし、ショットももちろん大事だが、それだけでは勝てない。優勝する人間は勝ち方を知っている。これは4つの要素がある。1番目が、プレッシャーがかかった時でも状況を明確に分析できて冷静にプレーできること。2番目は、忍耐があり、粘り強くプレーができること。強引なプレーは破綻を来す。3番目は、他人の目を気にせずに集中できること。そして4番目は、調子が悪い時に1から3までのことを徹底的にやれること。私は66年のマスターズ優勝ではこれら4つのことができたと考えているし、そのことを学ぶこともできたのだ」

　3つ目の自分に集中することにおいて、ニクラウスはベン・ホーガンのことを挙げている。47年のマスターズのこと。ホーガンはクロード・ハーモンと一緒にプレーしていて、12番でハーモンがホールインワンしたことをわかっていなかったという。なぜなら13番ティに向かう時に、ホーガンはハーモンに「初めて12番でバーディが取れたよ」とだけ言ったというのだ。

普通、ホールインワンが出ると周りも大騒ぎになり、それに気づかないことはまずありえない。それだけ自分のプレーしか頭になかったのだろう。今で言うゾーンに入ったということなのだろうが、ニクラウスもしばしばそういう状況に陥ると語っている。これは松山英樹が持つ資質のようにも思える。いや、松山はニクラウスが指摘する1も2も3も4も持ち得ている。ならば足りないものは何か。それは4日間のラウンドの仕方、エネルギーの使い方ではないだろうか。

私はそのことを、松山がPGA2勝目と3勝目を挙げた2016年暮れの記者会見で直接尋ねたことがある。彼はその質問に驚いた表情を見せた。何を言っているのだろうと思ったに違いない。「初日の1ホール目から全力でプレーして、バーディを奪えるものならすべて奪いたい」と。それが当然であり、自分はそうして勝ってきたのだと。しかし、4日間72ホールは長丁場である。18ホールでも徐々にエンジンを温めて全開にし、4日間も初日から徐々に調子を上げて、最後のサンデーバックナインでミラクルを興す。そうした戦い方がチャンピオンになれるのではないかと私は思うのだ。

初日の1番ティからフルスロットルでは後が持たない。2020年のマスターズで、2

日目まで首位争いをしていた松山が3日目にブレーキが掛かり、4日目もそのままだったのは、そうしたガソリンの使い方、エネルギーの使い方に問題があったのではないだろうか。若い頃のタイガー・ウッズはスタートから全力投球でトップを走り続けて完全優勝を成し遂げたが、体力が落ちてきた今は徐々にペースを上げる方法を学んで実行、優勝に結びつけている。2019年の優勝はまさにそうだった。ニクラウスが指摘する1〜4の勝ち方を、43歳のやり方で実行したと言えると思う。

†ニクラウス、肉体改造で四度目の優勝

ニクラウスは66年のマスターズ三度目優勝を成し遂げた後、勝ち方を学んだと言っていただけにすぐにでも四度目の優勝があるかと思ったが、実際は72年の優勝まで5年のブランクがあった。とは言え、その間に全米オープンと全英オープンに優勝している。しかし、ニクラウスは30歳に近づくにつれ、体力の低下を感じ出す。69年のライダーカップで1日36ラウンドを行い疲労困憊、原因を自分の体重過多にあると考える。

身長180cmに対して体重100kg。プロデビュー前から変わらないこの体重を減らすのだ。方法は食事制限。ハンバーガーなど肉が大好物だったが、妻のバーバラに頼み、野

菜中心の食生活に変更。2週間で約15kg落とす。するとラウンドを重ねてもまったく疲れることがなくなかった。ヘアスタイルもクルーカットからはやりの長髪に変え、妻から「あなた、素敵よ」と言われるほど変身した。

こうして70年は全英オープンに勝ち、71年はマスターズ2位タイ、全米オープン2位、全米プロに優勝する。賞金王に4年ぶりに返り咲き、調子はすこぶる良かった。よって1972年のマスターズはとても期待できるはずだったが、尊敬するジョーンズが脊髄空洞症によって71年末に69歳で逝去する。長い車椅子生活のあとアトランタの病院で伏していた球聖が人生を終えたことは、ニクラウスに少なくはないショックを与えていた。加えて直前にアイアンが引っかかり出す悪癖が顔を出す。しかもグリーンはスズメノカタビラがはびこる最悪な状態だった。なるべく転がりを良くするには芝を短くカットするしかない。そこでグリーンは異常に速く、しかも転がりは予想の付かないものになった。

マスターズ時のグリーンは2回芝を刈るダブルカットで芝高2・8㎜にする。時にはトリプルカットにして速度を速める。我々がプレーする普通のコースはグリーンの速さが8〜9フィート。10フィートでも速いと感じるが、マスターズでは14フィートと超高速だ。この年はそれを上回るスピードになったのかも知れない。まさにガラスのグリーンだ。

不安を抱えてスタートしたニクラウスは初日の前半を2オーバー、しかし後半はショット好調、パットも入って何と30で回り、トータル68で予想もしなかった首位に立った。しかし、ゴルフは首位に立つほど難しくなる。特にマスターズでは。

「どうしても守りのゴルフになってしまう。それが危険を孕むのだ。このままこのまま、馬鹿な真似をするんじゃないとね。でも、馬鹿なことをしでかすのだ」

ニクラウスの予感は的中し、15番ではセカンドショットが引っかかって池、初日イーグルだったのに、2日目はダブルボギーとなった。それでも何とか71であがり、2位に1打差で首位をキープした。3日目は2日目にも出たアイアンでのフックが後半のホールで止まらない。13番左バンカー、15番もフックしてグリーンを大きく外し、16番は池ぎりぎり、17番、18番も大きくフックさせてボギーとして73。3日間トータル212で、2位とはやはり1打差でかろうじて首位を維持した。

日曜は過去3日間同様に晴れてはいたが、風が強く、グリーンは乾いて速い。アウトを1アンダーにするものの、13番で3パットし、14番も3パット、15番ではパットの悪さがショットまでも悪くして第2打でダックフックが出てグリーンを遥かにオーバーし、アプローチで寄せたもののパットが入らず連続ボギー。16番はパーとしたものの、17番でバンカーに入れて寄せられず、しかし3mのフックラインを沈め、これで悪い流れを食い止めて18番をパーとして74。精悍になったニクラウスにしては、かなりよれたラウンドだったが、他の選手はさらにひどいゴルフで誰も追っては来られなかった。ニクラウスだけが72ホールを終えて2アンダーと、アンダープレーだったのだ。

この72年のニクラウス優勝は、初日から首位に立ち、一度もその座を明け渡さなかったことから「楽勝」のように記述されてもいるが、調べてみると大違い。フックに脅かされ、アプローチも寄らず、3パットが多い「危ないゴルフ」だったのである。しかし、ただ一人のアンダーは、やはりニクラウスの強さが光ったものだった。つまりは勝ち方を知った者の強さであったと言っていいだろう。

†大混戦の1974年、プレーヤー二度目の優勝

1974年はゲーリー・プレーヤーが61年の優勝以来、13年ぶりにマスターズを制する。これは今も最長間隔記録であるが、この年の大会は、上位約10人の選手の誰が勝ってもおかしくない大混戦だった。これはフェアウェイの芝をペンローンに変更、グリーンの芝をペンファイに変えたことにもあるようだ。さすがの名手たちも新しい芝に戸惑い、スコア

を伸ばせずに上位陣が固まってしまったのだ。

初日は前年全米オープンを制したジョニー・ミラーやアーノルド・パーマーといったビッグ・ネームが上位に来ず、唯一ニクラウスが3位タイに控えた。2日目はパターの名手で全米プロを制したデイブ・ストックトンが難しいグリーンをものともせずに66であがり、トータル7アンダーで首位。1打差にヒューバート・グリーン、ヘイル・アーウィンが連ね、3打差にニクラウス。つまり、2日目を終えて、ゲーリー・プレーヤーは上位には影も形もなかったのだ。ところがプレーヤーはムービングデーの3日目、それも後半のバックナインで怒濤のバーディラッシュをかけるのだ。

12番パー3で7番アイアンを使ってピン50cmに付けてバーディを奪うや、13番、14番、15番でもバーディを奪い、16番パー3でもピンの根元にボールが落ちて2mに付けてのバーディと、5連続バーディで一気に66を出してトータル8アンダーで2位タイに浮上してしまうのだ。首位はアイアン、ウェッジ、パターと好調なデイブ・ストックトンのトータル10アンダー。飛ばし屋のトム・ワイスコフがトータル7アンダーで首位を窺っていた。ニクラウスはパットが不調で3日目をパープレーとして、一歩後退していた。

最終日はフェアウェイを短く刈り、グリーンをやや遅めにしたセッティング。天気は快晴で言い訳無用。最終組はストックトンとプレーヤーの2サム。先に回るワイスコフが前半からバーディを奪って、トータル9アンダーと首位に1打差に迫る。プレーヤーは闘志むき出しでストックトンを追撃する。6番で5mのパットを入れ込んでストックトンに並び、9番では6番アイアンを2mに付けて10アンダーとして首位に躍り出る。

ストックトンは3パットで8アンダー、ワイスコフもボギーを打って8アンダーに後退。これでプレーヤーが抜け出すかと思えば、何とインに入った10番でボギー、11番もパーパットがカップに蹴られて連続ボギーで8アンダーに後退。その時ニクラウスは13番を回っていてイーグルパットをどかんと入れてジャンプ&ガッツポーズ、8アンダーと一気にトップに並ぶのだ。

パトロンは一喜一憂、手に汗握る展開。が、それはボードを見つめる選手たちも一緒だった。勝負の行方はまったくわからなくなったのだ。ニクラウスは14番をボギーとしたものの、15番で池の縁から片足を池に入れながら（靴を脱ぎ裸足で）、神業のチップショットを放ってバーディ。再び首位を追いかけるが、続く16番でバンカーに入れ、それが出ただけのボギーで、この大会にさよならを告げる。

こういう状況で蘇生するのがプレーヤーだ。13番で第2打を2番ウッドでグリーンを狙

う も大きくオーバー。しかしそこから絶妙のチップショットを見せてバーディを奪う。9アンダー。ワイスコフも負けてはいない。15番で2mを沈めてのバーディで9アンダーとする。15番のプレーヤーは1mが入らずにパーで9アンダーのまま。ピンにピッタリ付けたい16番のワイスコフはよもやのフックが出て池に入れる。あまりに痛すぎる池ポチャだが、ワイスコフは池手前からの打ち直しをしっかり寄せてボギーにとどめる。8アンダー。その16番ではストックトンがナイスオン。それを決められずに8アンダーのまま。しかし、首位のプレーヤーとは1打差。まだまだ誰に栄冠が輝くかはわからない。

18番最終ホール。ワイスコフは6mのバーディパット。勝負のパットは入ったかに見えたがカップの縁をくるっと回って入らない。ワイスコフはトータル8アンダーでフィニッシュ。17番を回るプレーヤーは渾身のドライバーショットをフェアウェイど真ん中に放ち、セカンドショットは9番アイアン、これを何とピン10cmに付けるウルトラスーパーショットを決めるのだ。

「打つ前にキャディのエディ・マッコイに言ったんだ。いつも17番はいいことがないけど、優勝した61年はここでバーディが取れた。今回も獲るぞってね。打った途端に手応えがあった。パトロンの大歓声でピンに近いこともわかった。ストックトンに50cmかなと両手を広げると、もっと近いって言うんだ。それで両手の幅を縮めたんだよ」

勝利への執念、プレーヤーの集中力は最高潮に高まり、闘志は熱く火を噴くようだった。このバーディでプレーヤーはトータル10アンダーとし、ストックトンとワイスコフに2打差を付けて二度目の優勝を成し遂げた。18番をパーオンしてグリーンに上がる時、パトロンたちが総立ちとなって拍手。このスタンディングオベーションは、プレーヤーが偉大な選手になったことを表していた。

†アーメン・コーナーを切り抜けたものが勝つ

1975年はニクラウス35歳での五度目の優勝となるが、この大会はPGAツアー開幕から2連勝と勢いのある27歳のジョニー・ミラーと、73年に全英オープンに優勝し、前年マスターズ2位の雪辱に燃える32歳のトム・ワイスコフとの三つ巴の熾烈な大激戦が繰り広げられた。つまり、ミラクルジョニーと恐怖のトムを相手にニクラウスは戦ったのだ。ニクラウスの前年は全英オープンに惜敗、メジャー無冠に終わっていた。

初日は小雨模様でグリーンがやわらかく、止まりやすくなって選手はプレーしやすい。ニクラウスは68で2位、ワイスコフは69、ミラーは入れ込み過ぎで75と出遅れた。2日目も小雨が降り、ニクラウス67で9アンダーに伸ばしてダントツ首位、45歳のパーマーが69と気を吐き、前日の71と合わせて2位に浮上した。ワイスコフは72とまずまず、ミラーは71で予選を何とか突破した。この時点ではニクラウス楽勝に思えた。しかし、マスターズは何が起こるかわからない。

3日目、ニクラウスは宿敵パーマーと回り、苦しいゲーム運びで73。パーマーは「ジャックと回って良かった試しはない」と75を叩いて戦線離脱。ニクラウスとて同じ気持ちのはず。お互いを意識し過ぎるのだ。ふたりに代わって躍進したのがミラーとワイスコフ。ミラーは2番から連続7バーディで、アウトを30であがる新記録でこの日65、通算5アンダーで3位。ワイスコフもインで4バーディを奪い65、トータル9アンダーとして、8アンダーのニクラウスを抜いて首位に踊り出た。上位には4アンダーのトム・ワトソン25歳が頑張っていた。

最終日は快晴となった。組み合わせはニクラウスとワトソン、その後ろをワイスコフとミラーが回る。当時は1位と3位、2位と4位がペアになる仕組みだった。組み合わせとその順番は微妙にスコアに影響する。それもロバーツが考えた2サムならなおさらだ。前後の組に注意を払いながら、自分と回る相手にも勝たなければならない。

アウトはニクラウスが二つ縮めて33の11アンダー、ワイスコフは長打を生かせずに34の11アンダーでニクラウスに並ばれる。追い上げたのはミラーでアウトを5バーディ1ボギーで9アンダーとして優勝争いに食い込んでくる。やはりマスターズはサンデーバックナインで雌雄が決する。スコア30も出るし40も叩く9ホールが始まる。

オーガスタナショナルを知り尽くしたニクラウスが、攻略法を語る。

「最終日のバックナインの戦い方は、まず10番パー4を静かにあがり、落ち着いた気持ちでアーメン・コーナーに入ることが肝心だ。とはいえ、10番は大きく下るダウンヒルホールだけにティショットを飛ばしたくなって曲げ、第2打のグリーンへの打ち上げを、弾道とクラブの選択ミスによってパーを取り損なうことはよくある。まずはこの後半のスタートホールを暴れずにパーにしないと、アーメン・コーナーで無理をすることになる」

無謀に攻めれば「神様、私をお守りください、アーメン」と祈っても、ゴルフの神様は助けてはくれない。ジョーンズが言うように「ゴルフの神様の前では謙虚であれ」ということなのだ。ニクラウスがアーメン・コーナーの攻略法を語ってくれる。

「アーメン・コーナーの最初のホール、11番パー4は距離が長く、最終日はピンが池上の左に立つことがほとんどだ。ドローをかけてピンそばに寄せようとすると、かかり過ぎて池に入る。グリーン右サイドに逃げれば下りラインとなって寄せもロングパットもタッチが難しくなる。よって、できれば確実に2オン2パットに収め、難しいパー3と言われる12番をリラックスして打てるようにすることだ」

アーメン・コーナーの最初のホールも、10番同様にパーで静かにやり過ごすことなのだ。そうして難しい12番ティにリラックスして立つことが肝心なのである。

「12番パー3は、コース全体の谷にあるために、上空の風が常に舞っている。ティグラウンド脇の松によってティとグリーンの風がまったく逆ということも多々ある。グリーンの前はレイズクリークが流れ、縦幅がなく、しかも斜め右奥に伸びるレダン設計だ。ピンが右にあれば左より距離が必要となり、スライスで乗せようとすれば、距離が足りずにクリークに入れることも多い。逆に左ピンをフックで攻めれば飛び過ぎて奥のバンカーに入り、左足下がりの難しいバンカーショットが要求される」

こうしたことから、12番ホールは世界一難しいパー3と言われる。アイアンショットの名手、ベン・ホーガンでさえ、この12番は長い間バーディが取れなかったし、パーマーも厄介なホールと頭を抱え、当のニクラウスも好調の時でさえ、バンカーに入れてダブルボギーということがあった。「ボギーでさえあがるのが難しく、謎を解くようなホールだ」

と言っている。最近でも２０１６年には連覇を狙うジョーダン・スピースがクリークに２発入れて7を叩いて首位陥落、２０２０年はタイガー・ウッズがクリークに3発入れて10打も叩いた。歴代最多記録は１９８０年のトム・ワイスコフで13打も叩いている。いずれの時もパトロンの絶叫が悲鳴に変わったのは言うまでもない。

ちなみにオーガスタナショナル12番ホールとそっくりのパー3が、１９９０年の大阪「国際花と緑の博覧会（花博）」で再現された。緑のグリーンの手前には青い川が流れ、バンカーには白い砂、花も美しく植えられ、ティからの距離も１５５ヤードと、その名も12番ホールの愛称をとった「ゴールデンベル・パビリオン」。このそっくりホールでホールインワン・チャレンジも行われたが一人も出ず、ワンオン率も僅か５・９％だった。上手なアマチュアやプロも挑戦してでの結果だったので、風が舞わなくても難しいパー3という証となった。

ニクラウスがアーメン・コーナーの攻略法について、さらに続ける。

「12番ホールまでを無事に通過したら、13番パー5は2打で届く距離だけにイーグルを狙いたい。しかしグリーンの手前にはクリークが流れ、ピンを狙ったためにそこに入れることは多々ある。以前は入っても浅瀬のために靴を脱いで裸足でウォーターショットを打つこともでき、パトロンを湧かせたものだった。またティショットは右方向からのドローがベストだが、フックになって左サイドのクリークやもっと曲げてアザレアの花々に入れることもある。それを嫌がって右に曲げれば林の中。いずれもレイアップが必要で2オンは難しい。ティショットで上手くフェアウェイをとらえてもかなりのつま先上がりのライとなりやすく、長いクラブを持つ第2打がフックになってグリーンオーバーすることも多いし、無理にスライスを打とうとすればダフって川の餌食となるのである」

まさに13番はイーグルもあるが、ダブルボギーもあるホール。ここで一気に4打の差が縮まることとさえあるのだ。

ちなみにこの13番ホールのワースト記録は、1978年中嶋常幸のマスターズ初挑戦の2日目の13打である。その内訳は、第2打でクリークに入れて打ち直しもクリーク、自分の体にも当て、クラブでハザードを叩くなどの罰打もついて11オン2パットであった。このホール以外の残り17ホールはすべてパーだったため、とても悔やまれる一ホールだった。

†16番で奇跡のパット、ニクラウス五度目の優勝

そうした女神と悪魔が棲むインコースの前半を、最終前の組のニクラウスとトム・ワト

ソン、最終組のトム・ワイスコフとミラーが挑んでいく。

ニクラウスは10番、11番を定石通りにパーであがり、苦手な12番を上手く打って4mのバーディチャンスに付けた。後続のワイスコフは11番でグリーン手前の池に入れる。ここでワイスコフがダブルボギーとなり、ニクラウスがバーディなら一気に3打縮まってしまう。果たしてワイスコフは必死に寄せてボギー、ニクラウスはカップインできずにパーとなり、その差は1打だけに収まった。ミラーも11番で痛恨の3パットで1打後退。12番は、ワイスコフもミラーも無事にパーで通過した。この時点でニクラウスはワイスコフに1打、ミラーに3打リードで首位に立っていた。

13番パー5は最低でもバーディがほしいが、ニクラウスは2打目をグリーン右に外し、アプローチも失敗してパーに終わる。14番はバンカーが一つもないが、グリーン手前はえぐれて落ち込んでおり、ここに乗せてもオンした部類には入らない。高低差80cmにも上るパットを打つことになるのだ。ニクラウスの9番アイアンの第2打はまさにその落とし穴に入り3パットボギーとする。一方、ワイスコフは13番でドライバーショットを右に押し出して松の木の根元、出すだけのパーに終わる。しかし14番で見事な第2打を放ってピン2・5mにつけてバーディ。ワイスコフは単独首位にカムバックした。

15番は、グリーン手前に大きな池のあるパー5。フェアウェイは広々としているだけに、大きく飛ばして第2打でなるべく短いクラブでピンを狙いたいところ。とはいえ、グリーン手前下り斜面は12番同様に綺麗に芝が刈られているだけに、グリーンに届かなければボールはころころ下って池に入る。それを嫌がって大きめに打てば寄せは下り傾斜で難しくなる。イーグル狙いのつもりがバーディさえ獲れないことになる。このパー5もまた、イーグルも出ればダブルボギーもあるスリリングなホールなのである。

その15番でニクラウスは14番のボギーを払拭するすばらしいドライバーショットを放ち、ピンまで245ヤードの第2打を3番ウッドで打とうとして止め、1番アイアンに持ち替えてピンを狙う。打球は一直線にピンに向かうが僅かに大きく、ピン奥に6m。イーグルこそ取れなかったが楽にバーディを獲る。ここで再び首位ワイスコフに並ぶ。ワイスコフはこの15番で第2打を4番ウッドで打ち、グリーン奥にこぼす。チップをショートしてピン5mまでしか寄せられず、バーディは無理かと思えたが、下りラインを見事に読んでカップインさせてしまうのだ。このホールではミラーもバーディを奪って首位のワイスコフに2打差となる。

アーメン・コーナーなどをクリアしても恐ろしいのは、16番パー3である。このホールは左に大きな池が広がり、グリーンは左に大きく傾斜している。ジョーンズが短く平凡だった16番ホールをロバート・トレント・ジョーンズに改修させたのだが、緊張して体が止まればアイアンショットを引っかけて池ポチャ。しかしピンの右に上手く打てればボールが転がり、カップに入ることもある。つまりエース、ホールインワンがたびたび出るエキサイティングなホールである。エース見たさに、このホールのスタンドは常に満員であり、しばしば熱狂の渦となる。

最終組前のニクラウスは、この16番ホールのティショットでミスをする。6番アイアンがしっかり当たらず、グリーンに乗っただけ。13mのパットを打つことになった。ニクラウスがグリーンに向かって歩き始めた時、ワイスコフが15番ホールでバーディを獲った歓声が沸き上がる。再び1打差にされたことをニクラウスは感じる。ニクラウスがグリーンにあがった時、ワイスコフとミラーが16番のティグラウンドに到着する。ニクラウスと一緒の組のワトソンが二度も池に入れたために時間がかかったからだ。ニクラウスは、ティグラウンドで最終組の二人が自分を見ていることがわかったはずだ。

「この長いパットを入れてやる！」

いつものように体を小さく丸めたニクラウスが打ったボールは、カップにスルスルと吸い寄せられる。ボールがカップに消えた瞬間、大きな黒人キャディ、ウイリー・ピーターソンが飛び上がる。ニクラウスはパターを持った左手を空に向かって突き出し、カップに駆け出していく。パトロンは絶叫し、その声は遠くアトランタまで届くほどだった。奇跡のバーディを奪ったどよめきは、なかなか収まらない。ティグラウンドでこの光景を見てしまったワイスコフは動揺して大ダフリ、パットも3パットと敢えなくボギーを叩く。16番のバーディ・ボギーでニクラウスが一気にトップに立った。

マスターズはパトロンのどよめきが嫌でも聞こえてしまうのだが、それがドラマの筋書きを予想だにしない方向に変えてしまう。特に15番のグリーンと16番のホール全体、17番のティグラウンドは接近していて、プレーがしばしば中断する。誰がどこで何をしたのか、気になって仕方がない。ましてや奇跡の瞬間をまともに目にすればその衝撃は計り知れない。それだけに、2020年の秋に新型コロナによって無観客で行われたマスターズでは、衝撃のドラマは生まれないと私は思っていた。案の定、首位を走っていたダスティン・ジョンソンはそのまますんなりと勝ってしまった。マスターズであってマスターズではないマスターズだった。

ニクラウスは17番で手堅くパーを取り、最終18番もパーオンに成功、2mのバーディチャンスに付けた。パットに入ろうとした時に、17番グリーンから大きな歓声が聞こえた。

「ワイスコフかミラーがバーディを取ったに違いない」

ワイスコフがバーディなら12アンダーで並ぶ。ニクラウスはパットをするのをやめ、巨大なスコアボードの数字が変わるのを待った。10秒後、バーディをとったのがミラーであることがわかる。ミラーはワイスコフと並び11アンダーとなるが、ニクラウスは二人に1打リードだ。これで無理にバーディを獲りに行く必要はなくなった。ゆっくりとパッティングに入り、2パットでパーを取った。

ワイスコフとミラーは最終18番ホールで何が何でもバーディが必要になった。この時代、ティショットは左のクロスバンカーを避けて3番ウッドで打つ選手が多かったが、二人ともドライバーを握って会心の当たりを見せる。第2打を先に打つのはミラー、6番アイアンでピン奥6mに乗せた。続いてワイスコフ、ビッグドライブの結果、9番アイアンでピンを狙う。右奥2・5mにナイスオン。ミラーと同じライン上だ。このラッキーをワイスコフは生かせるか。とはいえ、先に打つミラーが入れればワイスコフのパットは容易ではない。

最後が左に切れる下りのライン。ミラーは狙い澄まして打つが僅かにカップ手前で左に切れてバーディならず。次に打つワイスコフはラインが100％わかりほくそ笑む。ジャストタッチの絶妙なストロークだったが、なぜか、ボールは左に切れず、カップの右縁に止まった。

ニクラウスはワイスコフのパットを冷静に見ていることができたのだろうか。答えはイエスである。ニクラウスは入ると思い、翌日となるプレーオフの戦い方を考えていた。しかし、パットはどんな時も必ず入るとは限らないという、自分のゴルフ哲学も信じていた。「完璧に打ったパットが入らないこともあるし、ミスパットが入ることもある。それがパットであり、ゴルフなのだ」

ニクラウスはこの哲学が正しかったことを再認識すると同時に、自分に勝利が転がり込んだのは神様の思し召しだと感謝した。

†プレーヤー42歳、7打差大逆転で優勝

1977年のマスターズは、ニクラウスと実力をつけてきたトム・ワトソンとの一騎打ちとなり、逆転に次ぐ逆転でワトソンが勝利を収めた。そして翌78年のマスターズでもワトソンが勝利するところだった。それを阻んだのがビッグ3の一人、ゲーリー・プレーヤ

ーだった。親友となったニクラウスの雪辱を果たした格好となった。プレーヤーは42歳5カ月、前年はPGAツアーで勝利なし、マスターズ前には新聞に「消えゆくスター」と書かれた。しかし、こうなると燃えるのがプレーヤーという男。反骨精神は並ではない。

この年のオーガスタは晴天に恵まれグリーンコンディションも最高。ガラスのグリーンだが、パット名手のボールは読み通りに転がるから、バーディが取れる。3日目を終え、リーダーはショットもパットも正確なヒューバート・グリーン、1打差にトム・ワトソンが控えた。プレーヤーはトップから7打差で、注目さえされていなかった。

ところが最終日で、プレーヤーはスコアを縮めることしか考えない。どこからでもピンを狙い、カップに沈めようとする。前半を3バーディ、1ボギーとして、インに入った10番で10m以上ものパットを沈めて6アンダーとトップに3打差と追い上げる。11番では右からの3打目の転がしがツーッとカップに寄ってあわや入るところだった。闘志を漲らせていくプレーヤーは12番でバーディを奪い、13番では見事な2オンでピン右4m半に付ける。イーグルかと思いきや1cmカップに入らずバーディ。トップと2打差に詰め寄る。14番では5mを1cm外してパー。詰め寄るが決定打が出ず、プレーヤーの優勝は難しそうにも思える。

「入らなかったけれど、ほんの少し。パットは好調、このままならやれる」

42歳の闘志は一向に衰えない。日々の苦しいフィットネスに耐えて、体力と精神力を鍛えているからだ。15番では2オンを果たし、30m以上のパットを見事に寄せてバーディ。13番でイーグルを決めたワトソンがグリーンを逆転して首位の座を奪うが、前を行くプレーヤーとの差はたった1打だった。

プレーヤーは16番パー3でもミスをしない。それどころか、ピン奥5mに乗ったボールをカップインさせて、遂にワトソンと並ぶ10アンダーとして首位に立つのだ。プレーヤーの17番はパー、最終18番に賭ける。渾身のドライバーショットはフェアウェイ左サイド。背の低いプレーヤーには高台にあるグリーンのピンは見えないが、6番アイアンで頭の中にある想像のピンを目がけて打つ。一旦はピン奥8mに乗るが、高低差1・5mという下り斜面をゆっくり転がり落ちてピンまで5mと距離が縮まる。

「私にはツキがある。幸運が舞い込んでいる」

そう思ったプレーヤーは下りのパットをど真ん中から沈めてガッツポーズ。このバーディで11アンダーにして首位に躍り出る。黒人キャディと抱き合って健闘を称えながらクラブハウスへ引き上げるのだ。

後続に1打差のワトソンがいる。14番でバーディチャンスから信じられない3パットを犯してしまうが、15番ですぐに2オン2パットのバーディとして10アンダーに戻す。続く16番でフックラインをねじ込んでバーディ、ワトソンはプレーヤーに並んで首位に立つ。追いかけるワトソン有利か。17番も4mのバーディチャンス。しかし1cm外れて入らない。

もう一人、グリーンも優勝争いに踏ん張っている。独特の首振りアドレスから正確なショットを繰り出し、13番と15番のパー5で2オン2パットのバーディを奪う。プレーヤーとワトソンに並ぶ11アンダーとするのだ。しかし16番パー3のティショットはやや大きくグリーンエッジにオン。ミラクルがないと寄らないパット。グリーンは3パットを叩いてしまう。1打ビハインド。

グリーンの前を行く、首位タイのワトソン、最終の18番は4番ウッドでティショットを打つが、フックしてパトロンの中。ドライバーを持たずに正確さを求めただけにショックが残る。第2打もフックしてパトロンの中。エッジに近く、ピンに寄せるのはとても難しい。かつてパーマーが同じ状況から大きくオーバーして優勝を逃している。この時勝ったのが25歳のプレーヤーだった。果たして今回はどうなるか。ワトソンは考えた末にパターを持つ。荒れたライを転がり、2mに付ける。パターの名手の本領発揮だ。ところがこの

2mが予想以上にフックしない。ボギーにして優勝を逃してしまうのだった。

残るは最終組のグリーン。18番でバーディをとればプレーヤーに並ぶ。グリーンのティショットはフェアウェイど真ん中。ピンを狙うには絶好の位置。8番アイアンを握り、稲妻の如く振り抜く。ターフが飛び、ボールは高く上がり、ピンの根元に落下、ギャラリーの歓声が渦巻く中、ボールはピンから僅か1mに付く。前大会から、プレーオフはその日にサドンデスで行われることが決定されている。初めてのサドンデスになるとパトロンが信じた中、グリーンのパットはカップに触りもしなかった。

優勝がまたしてもプレーヤーに転がり込む。いや、プレーヤーがもぎ取ったと言っていい。最終日のバックナインを30であがったのだ。これは今も破られていない最少記録。怒濤の追い上げラッシュはプレーヤーの闘魂があってこそだ。試合後の言葉がゴルフ格言になっている。

「最後のパットが決まるまで、何が起きてもおかしくはない」

しかしこのプレーヤーの優勝を最後に、パーマー、ニクラウス、プレーヤーという3人の偉大な選手たちが繰り広げた劇的ドラマは幕を閉じたのである。

マスターズ優勝者から学ぶゴルフ上達の名言②

「自信のある自己流は自信のない正当派に優る」（アーノルド・パーマー）

「いくらショットが良くても
パットが悪ければ勝てない」（ジャック・ニクラウス）

「目の前の1打に集中し、
すべてのことを消し去る」（ジャック・ニクラウス）

「ゴルファーの最大の敵は他人ではなく、自分だ」（ゲーリー・プレーヤー）

「最後のパットが決まるまで、
何が起きてもおかしくはない」（ゲーリー・プレーヤー）

第 4 章

マスターズは世界のドラマに

オーガスタナショナルGC　10番ホール

†帝王ニクラウスと新帝王ワトソンの「真昼の決闘」

トム・ワトソンは名門スタンフォード大学で心理学を学び、学士号を取得している。ワトソンの名言はそんな彼らしいものだ。

「緊張した時の自分を知ること。その対応力が勝負を決する」

1977年のマスターズで、トム・ワトソンは帝王ニクラウスに真っ向から勝負を挑み、ニクラウスの猛追を振り切って初優勝を成し遂げる。ニクラウスはワトソンの一組前でプレーしていた。ワトソンが17番グリーンにいた時、ニクラウスは最終18番のセカンドを打つところだった。ニクラウスはワトソンと首位タイにいたことを知っていた。手前のピンをデッドに狙わずにやや大きく安全に打つつもりでいた。

構えに入る前、17番グリーンから大歓声が聞こえた。ワトソンがバーディを奪ったことがわかる。ニクラウスはバーディが必要となり、1番手短いクラブに替えてピンを狙うことにするのだ。このショットがアゲンストの風に押されて、グリーン手前のバンカーに入ってしまう。寄らず入らずで、痛恨のボギーを叩く。2打差となったワトソンは余裕を持って18番をナイスオン、パーを奪ってニクラウスに競り勝つのだ。

しかもこの年の全英オープンで、ワトソンは再びニクラウスと一騎打ちとなる。舞台は灯台が有名なターンベリー。初日から3日目まで二人は同スコア。一緒に回る最終日も二人は一歩も引かず、互角の戦いを演じる。終盤の17番で、ワトソンがバーディを奪って1打差。大詰めの18番でワトソンがスプーンでフェアウェイをとらえると、ニクラウスはドライバーを握って勝負に出る。しかしそれがプッシュして、深いヒースのラフに飛び込む。たとえニクラウスとて勝負は決まったと思うところだろう。しかし、ワトソンは自分に言い聞かせるのだ。

「ニクラウスは必ず乗せてくる、必ず乗せてくる、必ず……」

フェアウェイを歩きながら、ワトソンはずっと唱えていた。果たして膝まであるブッシュの中、ニクラウスのボールは見つかる。普通ならアンプレアブルの状況。しかしアンプレアブルを宣言すれば1打のペナルティが科され、優勝の望みはほとんどなくなる。ニクラウスは猛然とアイアンを振り、草もろともボールを打ち出してグリーンをとらえてしまうのだ。とはいえ、グリーン上のパットは12mの長い距離となる。

ギャラリーが絶叫の騒然となる中、ワトソンは落ち着いて第2打を打ち、ピンにピタリと付けてしまう。それこそ勝負あったの場面だが、何とニクラウスは、12mのロングパッ

トム・ワトソン

トを入れ込んでしまうのだ。ここでワトソンの手が震えれば外すかも知れないが、ニクラウスのパットも入ると自分に言い聞かせていたのか、平然と60cmのウイニングパットを沈めて逃げ切ってしまったのだ。

　ワトソンの全英オープン２勝目となったこの大会は「ゴルフ真昼の決闘」と語り継がれることになる。ワトソンはコース上に建つホテルから海を眺めながら妻に言った。コースにはバグパイプの哀愁を帯びた音色が響いていた。

「凄い戦いだった。どちらが勝ってもおかしくなかった。この勝利は一生忘れないだろう」

　この時、ワトソンは30年後に再びこのターンベリーで全英オープンの優勝争いをすることになるとは夢にも思っていない。２００９年トム・モリスが持つ42歳の最年長優勝記録を、１４２年振りに59歳のワトソンが破るところだった。最終日の17番ホールまでは。ワトソンは最終の18番で痛恨のボギーを打ち、プレーオフで敗れてしまうのだ。

帝王ニクラウスを二度までメジャーで破ったワトソンは、「新帝王」の冠を授与される。しかし翌78年のマスターズでは優勝に王手をかけるものの、ゲーリー・プレーヤーの奇跡的なラウンドで逆転され、2位タイ。この年は全米プロもプレーオフで惜しくも敗れ、2位タイとなる。79年のマスターズもプレーオフで敗れ、ファジー・ゼラーにタイトルを持って行かれてしまうのだ。

†マタドール登場！　スペインの新星、バレステロス

1980年のマスターズはスペインの新星、セベ・バレステロスが初優勝を遂げる。黒髪のハンサムガイ。ティショットを曲げても、ピンを狙ってバーディを奪う勇姿にファンが激増する。それは79年の全英オープンでのことだ。最終日の16番もティショットを大きく左に曲げて駐車場に打ち込む。OBではなかったがボールは車の下。何とか車をどけて打つことになったものの、ピンはおろかグリーンさえ見えない。しかしバレステロスは想像でピンを狙い、見事にオン。4mを入れてバーディを奪い、メジャー初優勝を遂げるのだ。

そんなバレステロスが翌年マスターズではティショットが好調。天性のパッティングセ

ンスでカップに入れまくって3日目を終え、13アンダー。2位に7打差を付けて最終日を迎えるのだ。アウトの前半は前日までと同様に好調で、16アンダーまで伸ばして2位と10打差まで広げる。しかしマスターズのサンデーバックナインは何が起きてもおかしくない。バレステロスは10番でちょっとしたパットミスからボギーを叩くと、12番でグリーン手前のクリークに入れてダブルボギー。

「大きめのクラブで打ったんだ。それなのにショートした。打った直後に風がアゲンストになったに違いない」

ゴルフの神様は、簡単には勝たせてはくれない。13番でも、グリーン手前のクリークに入れてしまう。ドロップしての打ち直しは大きすぎて、結局ボギーを叩く。一時のマスターズレコードまで出るかという勢いはすっかりなくなり、12アンダーまで落ちる。しかも2位の追っ手、ギビー・ギルバートは10アンダーまで詰め寄ってくる。

さすがのバレステロスも顔色を失う。15番で2オンを果たすものの、イーグルは取れずバーディ。それでもギルバートが17番のバーディチャンスを僅かに外すと、バレステロスはようやくひと息つけたのか、16番から最終ホールまでパーで収め、初優勝を遂げたのだ。

「僕には、貧乏な子供時代から遊びまくったアイアンの技術がある。どんな球でも打てるんだ」

そう語ったバレステロスの優勝は、23歳4日のマスターズ史上最年少。それまでの記録はニクラウスの23歳3カ月だった。そのバレステロスの記録を1997年、タイガー・ウッズが21歳3カ月で優勝して更新。今に至るのだ。

1981年のマスターズは、前年のマスターズでは12位タイと振るわなかった新帝王ワトソンが2勝目を挙げる。80年の全英オープンに三度目の優勝を果たしていた。最終日、強い北風の中を歯を食い縛ってバーディを重ね、2位に4打差をつけてタイトルを手中に収めたのだ。それだけに81年のマスターズは、タイトル奪還に燃えていた。

セベ・バレステロス

81年の大会は、18ホールすべてのグリーンがベント芝に張り替えられていた。3代目のオーガスタナショナル新会長に就任したホード・W・ハーディンが、グリーンをさらに速くしてよりスリリングなプレー展開にしようと大改造を行ったのだ。芝に詳しいメンバーが研究を重ねてジョージアの暑さにも耐えられるベント芝を生み出し、1978年パー3コースでのグリーン張り替えでの実験と検証を重ねて、本コースに用いたのである。

ちなみにパー3コースは、1958年にジョージ・コブが設計した初心者用のパー3だけの9ホールコースで、マスターズでは1960年から毎年大会前日の水曜にコンテストが行われている。世界一のショートゲーム名手と言われていた青木功が75年と81年に優勝している。87年に名設計家トム・ファジオが大改造して難しくしたが、中嶋常幸が88年に優勝、マスターズ日本人最高の4位となった伊澤利光は、2002年に5番、6番で2連続ホールインワンを達成している。とはいえ、パー3コンテストに優勝した選手は本戦では優勝できない、というジンクスは未だに破られていない。

ベント芝によって、グリーンのスピードが著しく上がり、「ガラスのグリーン」と呼ばれるようになった81年のマスターズで、最初に飛び出したのはニクラウスだった。新しいグリーンを苦にせず、2日目には65を出してトータル7アンダーで首位、ワトソンに4打差を付けた。

ところがそのニクラウスが、3日目の9番で突然変調を来す。ティショットを左に大きく曲げて林に入れてボギーを打つと、12番ではグリーン手前のクリークに入れてダブルボギー、13番でも第2打をクリークに入れてボギーとし、13番、14番でバーディを奪ったワトソンに逆転される。それでもニクラウスは16、17番で連続バーディを奪いワトソンに並び返すが、18番でボギーを叩き、ワトソンが7アンダーで首位に立つ。

最終日のニクラウスは調子が落ちたままで、アウトからボギーを叩いて後退。一緒に回るマスターズ初参加のグレッグ・ノーマンが、ショット、パット共好調でワトソンを追撃する。ワトソンはますます速くなったグリーンに手こずりスコアを伸ばせない。ジョニー・ミラーも奮闘して、ワトソンに1打差まで詰め寄る。

ワトソンは13番の第2打でクリークに入れて大ピンチを迎えるが、打ち直しの第3打を寄せてパーに押しとどめ、15番で2オンを果たしてバーディを奪い、トータル8アンダーにして、2位に2打差をつけて二度目の優勝を成し遂げた。

ワトソンは言う。

「成功するには、失敗を倍重ねることだ」

1982年のマスターズはセイウチの渾名で人気のあるクレイグ・スタドラーが優勝し、この年のPGA賞金王にも輝いた。翌83年は、帯同キャディが初めて許された大会となった。オーガスタのハウスキャディは黒人が多く、そのことが人種差別問題となっての変更だったが、それまで彼らはマスターズの選手を大いに助け、またトーナメントの顔として活躍し、収入源にもなっていただけに、彼らにとってはありがた迷惑の変更だった。

またこの83年は、サム・スニードのマスターズ引退の年にもなった。

「私にとって初めてのマスターズでは感激がなかったマグノリアレーンも、もう選手として通らないと思うとさすがに感傷的になる。人生の終わりという気がするよ」

こうしたことがあったからと言うわけでもないだろうが、この年のマスターズは初日から天候が大荒れだった。南部を襲った嵐によって2日目は中止。3日目は3サムに変更し、アウトとインの両方からスタート。それでも日没までに2日目までが終了せず、日曜日に2日目の残りと3日目のラウンドを行った。

大会も波乱含みで、初日は54歳のパーマーが68を出して2位と話題を独占、2日目はニクラウスが腰痛でマスターズ初の棄権、日曜の最終日は大雨で月曜に持ち越され、スタドラー、レイ・フロイド、ワトソン、バレステロスという優勝経験者が上位で争うことになった。

この中で飛び出したのがバレステロス。1番バーディ、2番イーグル、3番パーの後で4番バーディと一気に9アンダーとする。沈んだのはスタドラーとフロイド。ワトソンは一緒に回るバレステロスに押されながらも、イーグルを奪うなどして粘る。差はまだ4打あるが、「前半を耐えれば、後半にチャンスが来る」と、ワトソンはじっくりとチャンスを窺う。

予想は的中し、バレステロスは11番でショットを木に当てボギー、13番も木に当てる。しかしこれを絶妙なアプローチでパーセーブ。逆にワトソンは、14番でつまらないミスからダブルボギーにして万事休す。バレステロスはすっかり楽になり、最終18番をチップインパーで締めくくり、10アンダーで2位に4打差を付けて二度目のマスターズウイナーになったのだ。

スペイン人ということで闘牛士、マタドールとも呼ばれたバレステロス。熱い血が煮えたぎるような情熱的なゴルフで世界を熱狂させた。このマスターズ優勝後、1988年の全英オープンでメジャー5勝目を挙げた。しかしその頃からドライバーの素材がパーシモンからメタルウッドにとって代わるというギア革命が起こり、バレステロスはそれに適応することができなかった。

思うようなショットができずに体まで痛めて競技者を引退。とはいえ、97年のライダーカップではキャプテンとして、マスターズ優勝者となったホセ・マリア・オラサバルやミゲル・アンヘル・ヒメネスらスペインの後輩らを率いてアメリカチームに勝利するなど、監督として新たな名声を得た。

親日家で日本をたびたび訪れていたバレステロスは、日本オープンや太平洋マスターズ、ダンロップフェニックスなどに優勝している。私はダンロップフェニックスと全英オープンで彼のプレーを間近に見ているが、波に乗ってきた時の彼の目の輝きは素晴らしく、アゲンストの風に向かって歩く姿は本当に絵になった。一番印象に残っているのは全英オープンでウイニングパットを決めた時のガッツポーズ。あのかっこよさは一生忘れられない。

私が大好きだったそんなバレステロスは2011年、54歳の若さで脳腫瘍のために他界してしまった。

†ニクラウス前人未踏の6勝目は最年長優勝記録

すべては1986年マスターズ前の日曜日の新聞記事から始まったのかも知れない。

「ニクラウスはもう終わっている。クラブも錆び付いている」

ニクラウスは友人からその記事を送られ、「そんなことは絶対にない。それを証明してみせる」と誓った。ニクラウスは46歳になっていた。1982年のマスターズ2日目には、腰痛で初めての棄権をする。メジャー優勝からも遠のき、帝王も歳には勝てないと言われても仕方がなかったが、ニクラウスはまったく諦めてはいなかった。

腰痛の棄権後、ニクラウスはフィットネスのメニューをトレーナーと話し合って改善、故障のない強靭な体に鍛え上げた。妻のバーバラは、そんな夫の姿を毎日見て「あれほど自分を犠牲にしてゴルフに打ち込んできた人は世界中のどこにもいない」と涙ぐんだほどだ。

1986年のマスターズは、そうしたニクラウスの負けじ魂が燃え上がった大会となる。3日目を終えた時点では、若き実力者たちが上位を占めていた。首位は白い鮫グレッグ・ノーマン。1打遅れて闘牛士バレステロス、3日目にコースレコードの63を出したジンバブエのニック・プライス。トム・カイトやトム・ワトソン、中嶋常幸もいた。ニクラウスは、4打差で後塵を拝していた。

最終日、スタートから上位陣が奮戦する中、ニクラウスはアウトを無理せずにプレーを行い、エネルギーを貯めて後半に勝負を賭ける。「65であがれば勝運はあるはず」と、そのスコアを生み出す計画と戦略も練られていた。

9番でバーディを奪い前半を34であがり、気分良くインに折り返す。10番で10mのフックラインを入れて連続バーディ、11番でも6mを入れ込んで3連続バーディとする。トップを走るバレステロスに2打差と詰め寄るが、12番でグリーンオーバーし、アプローチを2mショートしてボギーを叩く。

普通の選手なら燃える心に水をかけられた心境になるだろうが、ニクラウスは「このボギーで緊張感がなくなり、逆に気合いが入った」と語る。燃える心に、水ではなくガソリンがかかったのだ。

13番は気合いが乗りすぎてティショットを左に引っかけるが、クリークにあと少しのぎりぎりフェアウェイ。しかし、この場所はフラットなライ。ニクラウスはロングアイアンで210ヤード先のピンを狙う。グリーンセンターにナイスオン。12mを確実に2パットで決めてバーディとする。

14番はグリーンをややオーバーするが、転がし寄せてパーセーブ。15番は第2打4番アイアン。シャープに振り抜くと、ピンの根元に落ちるスーパーショット。ピンまで3m半。キャディは長男のジャッキー、二人で入念にラインを読み、しっかりと入れ込んだ。イーグル！　ニクラウスは右手の拳を握り締め、ジャッキーは大地を蹴り上げた。すでに興奮し始めたパトロンたちが喝采、異様なムードがたち始める。

16番はニクラウスが得意とするパー3。63年はこのホールでバーディを奪い、サム・スニードを突き放して最年少優勝記録を作る。75年もバーディで優勝を確実にする。そしてこの86年は集中して5番アイアンを電光石火の如く一閃《いっせん》、ニクラウスはボールの落下も見ずにティペグを拾う。パトロンの歓声が爆発する中、飛球は狙い通りにピンの少し右に落ち、カップに向かって転がったのだ。あわやホールインワン。

ニクラウスは大騒ぎのパトロンを傍目に冷静だった。「短くても難しいパットになる」と思っていたからだ。しかしこの1mのパットをしっかりと読み切り、100%の確信を持ったところで落ち着いて決めた。これで首位を抜いてトップ。コースを訪れたパトロンのすべてが集まってきて騒然となった。

ニクラウス16番のバーディで、15番グリーンにいたワトソンは慌ててパットし、中嶋は「地響きが鳴っていた」と、パットすることができなかった。ニクラウスがバーディを決めたことは確実だった。そしてその地響きのような歓声を、15番フェアウェイにいたバレステロスも聞いてしまう。

首位に立つバレステロスは15番のティショットを、気合いもろとも300ヤード以上も飛ばしていた。ライも良く、ピンまでは200ヤードもない絶好のポジション。しかもロングアイアンは得意中の得意だ。しかし、心は穏やかではなかった。帝王ニクラウスに凄いことが起きているのだ。

顔に一瞬陰りが差したバレステロスのショットは、信じられない当たり損ねのフック。グリーン手前の池に落ちてしまった。15番のグリーン前に池を作ったのは、作為か自然の成り行きだったのか。16番グリーンと15番グリーンはあまりに近い。ドラマが起きる舞台設定なのだ。

バレステロスが池に入れ、パトロンが発した絶叫と溜息とどよめきは、17番のティグラウンドにいたニクラウスの耳にしっかりと届く。「彼が池に入れたのだろう」とニクラウスは感じ、ドライバーを振り抜くのだ。第2打をピンから3mに乗せる。ニクラウスは、右に曲がってから左に曲がるラインと読む。この秀逸な読みは、27回もオーガスタナショナルでマスターズを戦ってきたニクラウスならではの豊富な経験によるものだろう。キャディのジャッキーは、「僕はスライスだと思ったけど、父はそれほど切れないと言っていた」と試合後、証言している。

果たしてニクラウスの読み通りにボールは転がり、ホールインした。見事なバーディ。これまで17番は、多くの選手がほんの僅かパットを入れ込むことができずに優勝を逃してきた隠れたキーホールである。ニクラウスはカップに入る前から、パターを握った左手を空に向かって高々と挙げた。顔をよく見ると舌なめずりをしている。獲物にありつく前の野獣の顔だった。

「ジャック・イズ・バック！　ジャック・イズ・バック！」

熱狂が渦巻く中、通算9アンダーとして首位に躍り出たニクラウスが18番のティに立つ。ティショットを落ちついて持ち球のフェードで飛ばしてフェアウェイ、グリーンを確実にとらえてパー。バーディが取れればもちろん安泰だったが、ボギーが命取りになることを肌で感じていたに違いない。

18番はやや右曲がりのティーグラウンドから20ヤードも上っていくホール。打ち出しは林に囲まれて狭く、フェアウェイ左にはバンカーが二つあり、さらに左に松林が植えられている。フェアウェイ右は高い松林のため、このホールではフェードボールを要求される。つまり、ここまでずっとドローで飛ばしてこられたのに、最後の最後にフェードボールを打たなければならないコース設計なのだ。ドローヒッターは慣れないフェードを打って右の林に入れ、それを嫌がればバンカーに入れる。刻めば第2打の距離がかなり残る。グリーンは急傾斜の受けグリーン。ピンそばに寄せない限り、バーディをとるのは至難である。

だからこそ、ニクラウスは大事をとった攻め方をした。

ニクラウスのその予想は的中する。ニクラウスを1打差で追いかけるトム・カイトは、ピン左横からの3mのパットを僅かに外してプレーオフを逃した。17番でディボットからの第2打をミラクルリカバリーでグリーンに乗せてバーディを奪ったノーマンは、ニクラウスに追いつき9アンダー。18番ではティショットはフェアウェイセンター、バーディを狙って奥のピンを狙うが、力が入ってパトロンの中へ。寄せ切れずにボギーにしてしまうのだ。ノーマンは、この敗北がこの年以降も疫病神となってついて回ろうとは、この時はつゆ知らない。

ニクラウスは、僅か1打の差で逃げ切った。スタート前「65なら勝てるかも知れない」と言った、まさにその65を叩き出して最年長優勝を成し遂げてしまった。46歳2カ月23日の記録は、30年を超えた今も破られていない。6回目のグリーンジャケットに袖を通した後、ニクラウスはいつもの甲高い声で話した。

「18番グリーンに向かって歩いている時、涙が出そうになった。でも、まだプレーは終わっていない。そう自分に言い聞かせてグリーンに上がり、パットをしたのです。応援してくれてありがとう」

すっかり日が傾いたコース上、ニクラウスの目に涙がにじんでいた。顔にはしわが刻まれ、頬の肉にも腕にも年輪が刻まれているような枯れた味がある。しかしその風格と光彩は、辺り一面を黄金に輝かせていた。ゴールデンベアは神々しさを漂わせていた。

†プレーオフのドラマ、バレステロス、ノーマン、マイズ

1987年はニクラウスの大逆転優勝とは違う、別のドラマチックな物語が展開された。この年は非常にグリーンが固く、風が吹けば表面が速くもなり、ショットは止まらない。日本の尾崎将司、中嶋常幸はまったく対処できず、2日で姿を消す。ニクラウスでさえスコアを伸ばせない。そうした中で天才的なパッティングタッチを持つ者が上位となる。

3日目を終え、大会前日のパー3コンテストに優勝したベン・クレンショーが好調でトップに立ち、その後にバレステロス、ノーマンとビッグ・ネームが続く。その後に見慣れない名前のラリー・マイズが、ひっそりといたのだ。

マイズは、地元オーガスタ生まれ。子供の頃からマスターズを見て育った。ボランティアでスコアボード係を何年も行い、いつか自分もマスターズに出たいと思っていた。夢はもちろん優勝だった。87年は四度目の出場で、少しずつ夢に近づいてきていた。

最終日は、クレンショーが堅実なプレーで首位を譲らない。84年に優勝を果たしているだけに余裕がある。笑顔を絶やさず穏やかにプレーする。それに比べ、飛ばし屋たちは出入りが激しい。バレステロスはイライラを募らせながらも15番でバーディ、17番でもバーディを奪ってトップのクレンショーに並ぶ。ノーマンは12番のバーディで息を吹き返し、13番連続バーディ、14番をボギーとするが、15番でバーディを奪いトップのクレンショーに並び返す。

バレステロスは最終18番でガードバンカーに入れるも、絶妙の寄せを見せてパー。ノーマンも18番でほんの僅かバーディパットを外し、二人はこの時点で後続のクレンショーと並ぶトップタイで4日間を終え、ボビー・ジョーンズ・キャビンに控える。ところが二人の前でおとなしいラリー・マイズがコツコツとプレーを進め、18番で値千金のバーディを奪い、トップタイでホールアウトしていたのだ。

クレンショーはバーディホールの15番で、レイアップした後の100ヤードのウェッジショットを左に引っかけてパー。刻んでの100ヤードは計算通り、目を瞑ってでも上手く打てるこの距離をミスったのだ。

「なぜミスショットしたのか、原因はまったくわからない」

15番をパーとして、16番は得意なアイアンでピン手前にしっかりと乗せる。しかし完璧に打ったパットがカップの縁に止まる。入らなかった理由はどこにもないだろう。

続く17番、完璧なティショットを打った後の第2打。キャディはウェッジをチョイスするが、クレンショーは9番アイアンを持つ。これは15番のミスショットが頭をよぎったからに他ならない。9番で軽く打ったが、ボールは無情にもグリーンをオーバーする。17番の奥からの寄せは至難。寄らず入らずのボギーとして、トップから滑り落ちてしまったのだ。

「キャディの言う通りにしておけばよかった」

クレンショーは後悔するが、この3ホールはオーガスタナショナルに棲むゴルフの神様が「パー3コンテストに勝った者は本戦では勝てない」というジンクスを守ったとしか言いようがない。よって87年のプレーオフはバレステロスとノーマン、それに伏兵のマイズの3人で争われることになった。

マスターズのプレーオフは、76年から最終日の本ラウンド終了後に1番からサドンデスで行われることになり、翌77年から10番ホールから行われるルールとなった。この方式で最初に優勝したのが、79年のファジー・ゼラーである。

87年の大会も同様で、10番に3人が登場する。最初にバレステロスが打ち、次にノーマン、最後にマイズがティショットを放った。一番飛ばしたのがマイズで、フックをかけて左サイドにランディングさせ、距離を稼いだ。しかもグリーンを狙いやすい位置となる。ジョーンズの攻略ルートを、マイズが踏襲したのだ。

第2打は最初にノーマンが打ち、ピン方向に飛ぶが、ボールは止まらず奥のカラー。続くバレステロスもグリーン右奥のカラー。マイズはナイスショットでピン手前4mにオン。パターで寄せるバレステロスは1mオーバー、ノーマンはほぼOK。マイズが入れれば優勝だが、ジャストタッチ故に、最後に切れて入らなかった。ほんの少し強く打つだけで優勝できただろう。バレステロスはボギーを打ち、コースを去った。

こうなると俄然ノーマンが優勢だ。続く11番もノーマンからティショット。フェアウェイセンターだ。マイズもナイスティショット。第2打はマイズから打つが、打った途端「オオ、ノー」と首をうなだれる。ボールは大きくグリーンの右に外す。これでノーマンはピンを狙う必要はなくなり、安全にグリーン右に乗せる。

「圧倒的に自分が有利だと思った。マイズのところからは寄せることさえ難しい」

マイズは下りの距離のあるアプローチをしなければならない。しかし、チップショットをどこにどう落とせば良いかは完全にイメージできていた。最終日の本ラウンドでマイズはパターで11mを綺麗に沈めている。そのラインと同じところを転がせば入ると思っていたのだ。

マイズのチップはグリーン手前に落ちてエッジで弾んだ後、ピンに吸い寄せられるように転がりそのまま消えたのである。駆け出しながら両手を挙げ、何度もジャンプするマイズ。パトロンのどよめきは収まらず、ノーマンのパットは、もはや力なく惰性で転がるだけ。カップにかすりもせずにマイズの優勝となった。マイズは優勝後のスピーチで言った。

「まるで雲の上にいるようです。子供の頃からの夢が叶いました」

地元オーガスタで子供の頃からボランティアで働いてきた青年に、コースの神様が優勝をプレゼントしたとしか言いようのないドラマだった。

†ピンポジションによって、難度は一変する

「ゴルフは、いい人は勝てない」

まことしやかに言われるこの格言。心根が優しい人は負けた人の悲しい顔を見たくなく、自分から負けを選んでしまうことさえある。そうした人は勝負事には向いていないと言わ

れてしまう。ＰＧＡツアーではフレッド・カプルスが優しい人であった。「才能があるのにいい人過ぎて勝てない」と言われていたのだ。

ところが、そうした選手は人気がある。特にハンサムであればなおさらというわけで、カプルスを応援する人はマスターズでもとても多い。判官贔屓にもなる。

92年のマスターズのカプルスは初日からショット、パットとも調子が良く、アンダーで回る。トップからは4打差と離されているが、カプルスの凄い飛ばしも目撃したいと、パトロンは彼の周りに集まり、声援する。私はこの年のマスターズを現地で取材していたが、初日からまるで優勝争いをしている雰囲気だった。

2日目は前年優勝のイアン・ウーズナムとクレイグ・パリーという小柄な飛ばし屋が、バーディを重ねて9アンダーで首位に立つ。カプルスは柔和な笑顔とやわらかいスイングで、1打差の2位。カプルスの良き先輩であるダンディな色男、レイ・フロイドも好調で首位から2打差の3位。76年に優勝した以来の49歳最年長優勝を狙っている。グリーンが雨でやわらかく、ニクラウスやバレステロスは戦いやすいはずなのに、逆に例年とは違うコンディションに戸惑ってパットが入らない。

3日目の朝は快晴だったが、突然の雷雨で中断。中断の間にウーズナムが大好きなテキーラを飲んだのか、バーディラッシュがボギーラッシュになって脱落。パリーもダブルボギーを付き合うが、その後踏みとどまる。多くの選手が日没となり、最終ホールまでプレーできなかった。暫定首位はパリー、2打差で、前年の全英チャンピオンのイアン・ベーカーフィンチとカプルス、そしてフロイドが並んだ。

最終日は快晴となったが、前日の残りホールがどうなるかで勝敗の行方は大きく変わってしまうだけに、選手たちは戦々恐々としていた。カプルスは15番、16番をバーディとして、3ラウンド目を終えた時点で首位のパリーに1打差と迫る。フロイドは2打差で、「一度ホテルで休むよ」と言い残した。4ラウンド目がスタートする前にピンポジションが変えられた。それはそれまでとはうって変わる、難しいものとなった。

ボビー・ジョーンズは、言っている。

「オーガスタナショナルをアマチュア向けのやさしいコースだと酷評する人がいるが、グリーンを速くし、ピンポジションを難しくすれば、プロでもたやすくなくなる。アゲンストの風の時にグリーン手前の池やバンカーにピンを近づけたり、フォローの時にグリーン奥ぎりぎりにピンを切ったり、横風の時にグリーンサイドぎりぎりに切るというように、風を考えてピンポジションを決める。パットが下ったり、曲がったりするところにピンを切る必要もあるだろう。さらには傾斜面にホールを切れば、ショートパットが難しくなる。オーガスタナショナルはグリーンが大きく、傾斜が大小複雑に絡み合っている。ラインを読み切るのは容易ではなくなるのだ」

その言葉通りに切られたピンポジションは、3日までと同様だろうと高をくくっていた選手たちを翻弄した。パリーはまったく入らなくなり、パター上手だと自慢げに話していたベーカーフィンチもカップインできない。こうした中で何とか沈めていったのが、天性のタッチを持つカプルスと豊富な経験を持つフロイドだった。

フロイドが首位を奪っての一進一退だったが、魔の12番でフロイドがグリーンオーバーしてボギー、カプルスが打ったピンにぴったりのはずのショットは、打った瞬間にアゲンストの風が吹いて、急激に落下してグリーンに届かない。池に向かって転がり出し、「あ、あと30cmで水の中」という時に、何とボールが止まったのである。その後、何度も放映されてきた奇跡的なストップ！　九死に一生を得るとは、まさにこのことだった。

カプルスは凍えた心臓を温め直してウェッジでピッチショットを打ち、ピンに寄せてパーを奪った。例年のマスターズであれば必ずや池に転がり落ちたところを、前夜の雨で斜面だけ芝を刈ることができず、ラフが伸びたままになっていたのだ。

ダブルボギーは確実、トリプルボギーもあったショットがパーで収まった。フロイドを逆転して首位に立ったカプルスは盛大な声援を受け、14番でバーディ、15番では松のスタイミーからインテンショナル（意図的な）フックを上手く打ってパーとする。カプルスを追うフロイドは15番でバーディを奪うが、それでもカプルスに2打差。16番は僅かにカップを外れてパー。カプルスは16番でグリーンセンターにナイスショットして楽にパーを取り、17番でも難しいパットを沈めてパー。

フロイドに2打差を付けた最終ホールではパトロンにサンバイザーを振りながら笑顔でグリーンに上がり、最後もナイスタッチでOKパーとしてグリーンジャケット獲得者となったのだ。何重にも18番グリーンを囲んだパトロンは、総立ちでカプルスの優勝を祝福する。

カプルスは笑いながらスピーチする。

「12番のショットはどうして池に入らなかったか、今も信じられない。でも、あれで優勝できるかもしれないと思った。幸運が僕を助けてくれた。僕がチャンピオンになったんじゃない。チャンピオンが僕を選んだんだ」

カプルスは4日間通算で13アンダーとしての優勝だったが、この頃から通算10アンダーを少し超えるくらいの優勝争いが、非常に面白い展開になると言われ始める。確かに全米オープンの、優勝スコアがアンダーパーを基準とするコースセッティングは、深いラフと狭いフェアウェイで選手たちが痛めつけられてうなだれるシーンが多くなり、見ている方まで胸が痛くなるほどだ。マスターズのバーディ合戦は、選手たちの表情も明るくファイトに満ちているので見るのが愉しい。90年以降のマスターズはほとんどの年が通算10アンダー前後の優勝で、勝負もドラマチックだった。これはマスターズ委員会が上手にコースを仕立て上げ、ピンポジションを決めているからに他ならないだろう。

†1995年、クレンショー、涙の優勝

数々のドラマを生み出すマスターズ。しかし優勝シーンを見て泣いたのは、この1995年だけだ。しかも、何度見ても目頭が熱くなる。

大会前はアーノルド・パーマー40回目出場の祝典が行われた。挨拶を終えパトロンに手を振るアーニーの姿が格好良い。16番グリーン裏には記念碑も建てられた。彼の活躍があってこそマスターズはメジャーに昇格したのだ。73歳のパーマーは今もティに立ち、2日目には73の好スコアであがった。またこの年はスタンフォード大学在学中のタイガー・ウ

ッズがトップアマとして初登場。オーガスタナショナルの美しいコースに感激する童顔が初々しかった。

トーナメントは好天にも恵まれ、初日からバーディラッシュで激しい争いとなる。メタルウッド時代となり、飛ばし屋が圧倒的な優位を保ち出す。前回優勝のカプルス、ノーマン、そしてデービス・ラブ三世がパー5でショートアイアンを使ってイーグルチャンスを作り出し、スコアを縮めていくのだ。その中で、唯一小柄で飛距離の出ないベン・クレンショーが健闘していく。クレンショーは言う。

「日曜日に恩師のハーヴィー・ペニックが90歳で他界し、一時は出場を取りやめにしようかと思った。でももう一人の生徒であるトム・カイトが『それでは先生は喜ばない。出場してベストを尽くすことがお悔やみになる』と言ったんだ。それで、頑張ることにしたんだ」

クレンショーとカイトは水曜日に行われたペニックの葬儀に出て、棺桶を担ぐ栄誉を担い、その夜にオーガスタに戻ってきた。涙に暮れたクレンショーだったが、初日から奮闘、2日目に上位に食い込み、3日目でとうとう首位に立った。クレンショーのひたむきなプレーに、パトロンたちはどのホールでも大声援。優しい性格のクレンショー、いつもなら崩れてしまうところも踏ん張れていた。ロングヒッターを相手に、アプローチとパットで挑んでいく。

最終日も快晴。クレンショーの前を行くノーマンとラブ三世は一緒の組で、アウトからスコアを伸ばしていく。ラブ三世は何度もトップのクレンショーに並ぶが、その都度クレンショーもバーディを奪って首位をキープする。ノーマンはその二人を1打差で追いかけ、虎視眈々と抜き去るチャンスをうかがっている。カプルスも、8番ではあわやダブルイーグルのスーパーショットで優勝戦線に食い込む。

サンデーバックナインでは、激闘がさらにエスカレートする。スーパーショットやスーパーパットが決まる中、ラブ三世が15番で第2打を9番アイアンでピンに絡める。僅かにパットが右に抜けてイーグルを逃すが、クレンショーを1打抜き単独トップに躍り出る。同じく2オンのノーマンもバーディを楽に奪って1打差を堅持。カプルスは10番、11番で連続ボギーを打って脱落した。

まさに、1打のミスも許されない緊迫した展開だ。クレンショーは12番パー3で奥のバンカーに入れてしまうが、砂から巧みに出してサンドセーブ。一方、ラブ三世がその時16番で奥のエッジから3パットを犯してしまう。ノーマンも同じく奥のエッジからだが、ラブ三世の転がりを見てタッチを合わせてパーをキープ、この時点でクレンショー、ラブ三世、ノーマンの3人がトップタイで並んだ。

飛ばし屋はアイアンの番手間の飛距離が長くなる。例えば、6番アイアンと7番アイアンの距離の差が、飛ばない選手が10ヤードの差だとしたら、飛ぶ選手は15ヤードにも20ヤードにもなる。つまり、ピンまでの距離を合わせようとすれば、一つのクラブで飛距離をよりコントロールしなければならない難しさがあるのだ。

16番はグリーンが左傾斜のため、左サイドに切ってあるピンには、ピンの右上を狙ってボールを落として転がし寄せるのがセオリーとなるが、飛ばし屋のラブ三世とノーマンは、打球の方向こそ良かったものの、上手く飛距離を抑えられずに奥のエッジまで飛ばしてしまい、傾斜を使うことができなかったのだ。

クレンショーは、12番に続き13番でもピンチとなる。13番のティショットは完璧だったが、2打目はピン左を狙い傾斜を使って寄せるつもりがプル（ひっかけ）ショットとなりグリーンオーバー。大事に転がして寄せようとするが、予想だにしないショート。3mの難しい下りのスライスライン、しかしこの大ピンチを絶妙なタッチでカップに入れ込んだ。バーディ奪取！

「カップの左縁を狙ってねじ込んだ。あのパットで新しい命が吹き込まれたよ」

このバーディで、クレンショーは単独トップに返り咲く。

17番パー4は難しいグリーンだが、飛ばし屋はショートアイアンでピンをデッドに狙える。ノーマンとラブ三世は勝負を賭けてともにサンドウェッジでピンを狙った。ラブ三世はピン1m、しかしノーマンは引っかけた。ノーマンは3パットで優勝争いから脱落、ラブ三世はバーディを決めてトップに並ぶ。

クレンショーは、14番でバーディチャンスに付けるがパー。15番は第2打が4番ウッド。ラブ三世に並ばれた以上、もはや池前に刻むわけにはいかない。ラブ三世が9番アイアンだったところを、ウッドでピンを狙わなければならないクレンショー。決死のショットは右にプッシュしてパトロンの中、バーディチャンスのパー5を寄らず入らずのパーで終えてしまう。

ラブ三世の父は、ペニックの弟子だった。ラブ三世はその父からゴルフを習った、いわばペニックの孫弟子に当たる。天国から先生と父が見下ろす中、ラブ三世は最終の18番でバーディを狙うが、第2打で風を読み間違えてショートしてバンカー。そこから見事に寄せてパーを拾い、首位タイを維持してホールアウトする。最後の試練を乗り越えたと言えた。

後ろを回るクレンショーは、そうした状況でも動揺しなかった。1打1打に「全集中」、ミスを犯さない。16番では6番アイアンでピンの左にきっちりと落とし、ボールをカップに寄せてバーディを奪う。見守るパトロンの群衆は騒然！　続く17番のティショットは会心の1打。フェアウェイから9番アイアンでピンを狙う。ピン左3mにオン。パトロンの大歓声の中、スライスラインを見事に沈めて連続バーディ。これで2位のラブ三世に2打の差を付けた。

クレンショーの表情には、安堵と同時に、その安堵を消し去って最後のホールに挑もうとする決意が漲っていた。

最終18番ホール、クレンショーはティショット、セカンドショットとも堅実に打ち、グリーンを確実にとらえる。ようやくリラックスできたのか、フェアウェイを歩く姿は自信に満ち溢れていた。笑顔で帽子を大観衆に振るクレンショー。3パットしても優勝だ。

静まりかえったグリーン上で、クレンショーのパットは静かに転がり、カップのすぐ脇で止まった。ウイニングパットをタップして沈めるや、クレンショーは屈み込んでパターと帽子を落とし、両手で顔を覆った。

ベン・クレンショー、優勝の瞬間

しばらく動くことができない。涙が止めどなく溢れているに違いない。ようやく立ち上がり、4日間苦楽を共にした黒人キャディ、カール・ジャクソンに抱かれる。大男の胸に顔を埋《うず》める小さなクレンショー。パトロンたちの歓声と拍手は鳴り止まない。テレビを見ている多くの人も涙しただろう。私もその一人だった。

クレンショーは、試合後に言った。

「大会前はひどい調子だった。そこでペニック先生に教えを請いました。その時に『もっと自分のスイングに自信を持ちなさい』と言われました。そうしたら、もの凄くショットが良くなった。パットもスムーズにラインに打ち出せる。キャディのジャクソンからも「もっとゆっくり打てば」とアドバイスを受けた。それも良かった。でも、やはり今週は僕のキャディバッグに入っていた15本目のクラブが勝たせてくれたのです。ハーヴィー・ペニックというクラブが」

ペニックは、クレンショーの二度目の優勝を天国から見守っていたに違いない。私はペニックのベストセラー、『ゴルフレッスンの神様　ハーヴィー・ペニックのレッド・ブック』を翻訳させてもらった。先生が亡くなる2年前の93年に、彼に会いにテキサスのオースチン・カントリークラブまで足を運んだ。

先生は車椅子から私にレッスンをしてくれた。自分の食べかけの小さな人参を、7番アイアンで打つようにと。スイングすると食べかけの人参がクラブハウスの屋根に飛んでいった。「いいよ、そのままゴルフを続けなさい」と言ってくれた。本に自分の名前のサインと「テイク・デッド・エイム！」と書いてくれた。「死ぬ気でピンを狙え！」と。

この年のマスターズ、ペニックの愛弟子のクレンショーは、先生という15本目のクラブで「テイク・デッド・エイム！」をやり遂げたのだ。

†マスターズ劇場が生んだ悲劇役者ノーマン

80年代半ばからは、明らかにグレッグ・ノーマンが世界一のゴルファーだった。1996年のマスターズの時には世界ランキング331週第1位、つまり6年間以上も世界に君臨したゴルフ界の王者だった。マスターズではたびたび優勝に見放されてきたが、96年こそは王者、ノーマンが制すると誰もが思っていた。

初日から、王者は快調にゴルフする。アウトで7番、8番、9番ホールを連続3バーディにして33であがると、インでは12番ホールを難なくピンに絡めてバーディ、13番もバーディで、14番もグリーンが見えないところからフックで寄せてバーディ、15番イーグルの逃しのバーディ、17番も第2打をサンドウェッジでピンに絡めてバーディ、18番もバーディにして30であがり、トータル63の大会レコードタイ記録を作る。ノーマンは笑いながら語る。

「このコースは綺麗だし、リラックスしてプレーできるんだ。でもアウトの5、6、7番はとても難しい。そのことをわかってほしいんだ」

2日目も、王者はオーガスタナショナルに君臨する。ノーマンは12番でショートしてクリークに落としそうになるが、カプルス同様に池まで僅か30cmのところで止まり、絶妙なウェッジショットでパーを拾う。13番は楽々2オンを果たしバーディ。15番はチップインバーディ、18番もバーディとして69であがりトータル142として、2位のニック・ファルドに4打差を付けた。

ノーマンは笑顔で答えた。

「プレーを楽しんでいるよ。良いプレーをあと2ラウンドしたいね」

3日目はニック・ファルドと回るが、王者のゴルフに揺らぎはない。長い8番パー5を飛ばして2オンこそ逃したが、チップショットでOKに寄せて難なくバーディ。ファルドも9番のバーディで応酬する。12番でノーマンは風にショットがさらわれてクリークに入れるも、打ち直しを寄せてボギーで収める。15番でバーディ、16番でもバーディとして、この日71であがりトータル203として、2位のファルドをさらに引き離して6打差とする。

グレッグ・ノーマン

ノーマンは、サタデー・グランドスラマーと呼ばれていた。土曜日には、すべてのメジャートーナメントで首位に立つことができていたからだ。それも1年間にである。これはありがたい称号と言えるのか。ノーマンももちろんその称号を知っている。
「明日はリードを考えず、初日のスタートだと思ってプレーするよ」

ノーマンは、日が暮れるまで練習グリーンでパットを行った。

最終日最終組はノーマンとファルド。追っ手には25歳のフィル・ミケルソンが控えているが、勝負が最終組であることは間違いなく、前日も二人は同じ組で回り、ノーマンが差を広げていたので、そのまま逃げ切れることは確実に思えた。しかし、サタデー・グランドスラマーと言われるだけに、ノーマンが日曜にすんなりとプレーできるとは限らない。しかもファルドは、1989年の初優勝も90年に連覇した時もプレーオフの末に勝っている。つまり粘り強く競り合いに強い。特にマッチプレーの様相になれば、一段と強さを発揮する勝負師なのだ。

私は1990年に、ノーマンのブリスベンの実家を訪ねてご両親に会うことができた。ノーマンの子供時代の写真を見せてくれた。ノーマンはスポーツが大好きで、ラグビーやクリケット、乗馬、スキンダイビングもやっていた。父のマーブは「ゴルフをしてなければラグビー選手になっていただろう」と言う。母のトイニは「とても優しい子で、私が怪我をした時は血相を変えて看病してくれました。それに、とても友達思いなので、友人がたくさんできるんでしょうね」と言う。父はノーマンのゴルフについて「釣りをしていた時にボートで転んで歯を折って差し歯にしてからは、ラグビーをやめて遊びでしていたゴルフに夢中になった。高校生から本気になって朝から晩まで練習して、ラウンドする日は1日で4ラウンドもやっていたんだ」と明かす。アッと言う間にオーストラリアのトップ選手になるのだ。

1987年の全英オープンで、ノーマンは初めてのメジャータイトルを獲得する。私は、最終日最終組をノーマンと一緒に回る中嶋常幸を密着取材していた。最終日の朝、ホテルから中嶋とオフィシャルカーで出ようとした時に、いきなりノーマンが乗り込んできたのだ。彼は私たちを見てすぐに間違いだと気づき、「アイム・ソーリー」と明るく笑って出て行ったが、すでに緊張していた中嶋とは大違いのリラックスした様子だった。案の定、ノーマンは伸び伸びとプレーして優勝。終始ぎこちないプレーだった中嶋をホールアウト後、優しくいたわった。

ノーマンのプレーは激しさに満ちているが、コースから離れた時の彼は、他人を気遣うとても優しい人。ニクラウスからは弟のように愛され、ニック・プライスとはとても仲がいい。オーストラリアの地元に帰れば、仲間たちにいつも温かく迎えられる。

さて、96年のマスターズ最終日、ノーマンは硬い表情でスタートの1番をボギーとする。2番はバーディとするが、ファルドもバーディ。3番はお互いにパー。4番でノーマンが二つ目のボギーを叩く。続く5番でファルドがボギー。4打に縮まった差が5打となり、ノーマンはひと息つけたに違いない。ところがファルドはボギーを打って闘争心に火が付く。6番をピンに絡めるスーパーショットでバーディとすると、8番でもバーディ。その圧力に押されてノーマンは9番でボギー。スタート時点で6打もあった差は前半で2打に縮まる。

ファルドの勢いを何とか押さえ込みたいノーマンだが、後半最初の10番でグリーンを外し寄せにも失敗してボギー。11番で決まったというバーディパットがなぜか転がりが揺れて入らず、落胆したノーマンは返しも外してしまう。3パットボギー。これでファルドに並ばれる。

悪い流れの中で12番ホールを迎える。過去幾度もドラマを生み出してきた12番。先に打つファルドは「とにかく乗せることだけを考えた」と大きめのアイアンでショットし成功。ノーマンはピンを目がける。グリーンに落ちればすぐに止まるスライスで打つ。打ち終わったノーマンの顔を見れば、それがミスショットでないことはわかる。しかし結果は僅かにグリーンに届かず池。見る者の胸を詰まらす悪夢の光景だった。

ノーマンは13番で右の林に入れてレイアップ。ファルドは悩んだ末に5番ウッドから2

番アイアンに持ちかえてナイスオン。この日のベストショットだ。ファルドはバーディ、ノーマンは必死にパーパットを入れる。

私はニクラウスが唱えたアーメン・コーナーの攻略法をノーマンが知っていればとつくづく思った。後悔は先に立たず。しかしその差は2打と僅かだ。しかも5ホールも残っている。頑張れ、ノーマン！　そう思ったのは私だけではないだろう。

14番はお互いにパー、15番でファルドはピンまで220ヤードを4番アイアンで打ち、グリーンオーバー。ノーマンはピンまで200ヤードを6番アイアン。ピンに絡めてイーグルを目論んだ。しかし何とノーマンのショットはグリーンに僅かに届かず、下り斜面をボールは転がる。しかし池の手前で止まる。まだ運がある！　ピッチショットはあわや入りそうなところが入らず、ノーマンは地面に寝転がってしまう。OKバーディとするが、ファルドも難しいアプローチを寄せてバーディ。ファルドは波のように押し寄せる勝負所を次々に抑えていく。

そして2打差のまま迎えた16番パー3。ファルドは4番アイアンでグリーンに乗せただけ。こうなればノーマンはピンを目がけて打つしかない。バーディ・ボギーで一気に並び返すことができるのだ。この状況では長いクラブで軽く打つことなどできない。短いクラブで強振するほうが確実だ。ノーマンは6番アイアンを思い切り振った。しかし力みはフックを呼ぶ。ボールは池の水に波紋を広げた。勝負あった！　ノーマン、無念のギブアップである。

この日ファルドは67、ノーマン78。ノーマンがリードしていた6打の差は逆にファルドに5打も差を付けられることになった。ノーマンの完敗だったが、それは僅かの差の積み重ねに思える。決してノーマンのプレーが悪かったわけではなく、ゲームの流れによる運の差であり、リードを守ろうとする者より、追いかける者のほうが有利だった結果とも言えるだろう。

しかし終わってみて思うことは、ノーマンがマスターズの生みの親、ジョーンズの「相手は架空のパーおじさん、オールドマンパーなんだよ」の言葉を肝に銘じてプレーしていればということ。もしもパープレーであったなら、ファルドに1打差で優勝していた。オーガスタナショナルにはいつでもジョーンズの魂が宿っている。本当にあまりに悲しく、悔しい敗戦だった。

しかし敗れ去ったノーマンは清々しい顔で、しっかりと記者の前に姿を現し、堂々と試合も振り返った。誰とも会いたくはなかったであろう、話したくもなかったであろう。でも彼は苦い質問にもしっかりと答えた。勝った時よりも負けた時に、スポーツマンとしての真価が判明するものだ。ノーマンほどのスポーツマンシップに溢れたゴルファーは他にいないだろう。

私はこの試合の5年ほど前に都内のホテルで、1時間にわたりノーマン本人にインタビューをしたことがある。私は彼の攻撃的なゴルフが好きだった。印象に残る彼の言葉がある。

「私は勝つために常にベストを尽くしている。その結果は63であがることもあれば75を叩くこともある。でもそれがゴルフというスポーツなのだ。強いだけでは勝てない。それでも精一杯戦う。そして相手が優勝すれば讃え、私が優勝すれば讃えられる。それがスポーツのすばらしさだと思っている」

†タイガー・ウッズ、マスターズ初優勝の1997年

「どんなピンチの時にも耐えられる精神力を作り上げる」

アール・ウッズは、息子タイガーにゴルフの技術を教えるほかに過酷な試練を与えた。例えば、池に子供のタイガーを漬けたままにするという水攻めまで行っている。精神力を

鍛えるためだ。こうした修練によって、タイガーはジュニアの時も鉄壁の防御を誇る攻撃ゴルフを展開して勝っていく。全米ジュニア3連覇を成し遂げ、名門スタンフォード大学に入り、全米アマ3連覇を成し遂げる。早くも史上初の大記録「タイガートリプル」を打ち立てる。

1996年の全米アマを獲得してプロに転向。2カ月後の試合で、この年の全米プロチャンピオンのデービス・ラブ三世をプレーオフで完膚無きまでにやっつけた。続いて89年全米プロ、91年全米オープンのペイン・スチュアートにペイン（苦痛）を味わわせ、翌年の1月には96年の全米プロチャンピオンのトム・レーマンを圧倒的な飛距離で叩き潰した。タイガーのゴルフは、パワフルなパンチで相手のガードを吹き飛ばしてマットに沈めるマイク・タイソンのような破壊力を秘めていた。世界中のトッププロが束になってかかってもタイガーには敵わない、という痛烈な印象をゴルフ界に与えたのだ。

そのタイガーが1997年、オーガスタナショナルに乗り込んできた。自身3回目の出場だったが、それまでの2回は41位タイと予選落ちと良い成績を収めていない。しかしこの年の火曜の記者会見で、タイガーは「勝つためにやって来た」と言い切った。初日から異様な雰囲気がコースに蔓延していた。タイガーは、午後1時33分に前年覇者のニック・

ファルドとスタートした。

注目のタイガーのティショットはプッシュしたが、凄い飛距離にパトロンがどよめく。この1番をボギーとし、3番、8番、9番でもボギーで嘘のような40。しかしハーフターンするや緊張がほどけたのか、10番でバーディを奪うと、12番をグリーンオーバーからのチップを入れ込んでバーディ、13番を2オンのバーディ、15番パー5は2打目を何とウェッジで打ち、ピンに絡めて楽々イーグル。もはやタイガーの飛距離を持ってすれば、パー5はやさしいパー4になってしまう。18番のパットは僅かに入らずに29を逃がすが、後半を30であがり、初日を2アンダーの70とした。ファルドは完全に気圧されて75、ショックが冷めやらない2日目に80を叩いて、あえなく予選落ちを喫する。

2日目のタイガーはスタートからナイスショットでパー始動、2番でチップインバーディを取ると、9番で長いパーパットを沈めてアウト34。インは13番でピン上からの5mを入れてイーグル、14番は、第2打をサンドウェッジであっさりバーディとして32。この日66で回り、一緒に回った93年全米プロチャンピオンのポール・エイジンガーは、「タイガーのプレーに目を奪われて集中力を欠いた」と73を叩いてしまう。タイガーのティショットの平均飛距離は331・3ヤードとダントツの1位で、スコアも首位となる。タイガーがコースを独占支配し、ニクラウスやノーマン、バレステロス、ミケルソンといった実力者たちが白旗を揚げて予選落ちしていった。

3日目、タイガーと一緒に回る欧州ツアーチャンピオンのコリン・モンゴメリーは、メジャー経験の豊富さから「私がタイガーを倒す」と宣言。ところがタイガーは猛チャージで65。モンゴメリーは74で完敗。彼はインタビュールームに入るなり「天変地異が起きない限り、タイガーが負けることはない」と言い放った。記者がノーマンは6打差をひっくり返されたことを例に出すと「タイガーはノーマンとは違う」と怒った。ノーマンのような人間的優しさは皆無だと言いたかったのだろう。タイガーはツアーにやって来たターミネイターだと。

最終日はタイガーが優勝することよりも、タイガーがニクラウスの持つマスターズ大会記録17アンダーを破ることに焦点が絞られた。現在15アンダー、あと3つ伸ばせばいいだけだ。最終日タイガーと一緒に回ったのはイタリアのコンスタンティノ・ロッカで、タイガーとは9打差もあった。もはや競り合うつもりはなく、いかに2位を確保するかがロッカの目標だった。

午後3時過ぎ、1番ティに赤のポロシャツに黒のパンツの勝負服でタイガーは現れた。

落ち着いた表情で、いきなり渾身のフルスイングでボールをひっぱたいた。優勝への決意がその1打に表れている。タイガーは父から昨晩告げられていた。

「明日は人生で最も厳しいラウンドになる。しかし、これまでの努力が報われるラウンドにもなる」

スタートホールをパーであがり、2番パー5は2打目を8番アイアンで打ち、2オン2パットでバーディ。5番でグリーンオーバーして38ホールぶりのボギー。7番でもティショットを引っかけてボギーと、タイガーにも優勝への緊張は存在することがわかった。しかし8番パー5でグリーンを外したものの、絶妙の寄せでバーディを奪う。この寄せを見たクレンショーが、「どんなに練習してもできることではない」と脱帽する。飛ばすだけでなく、小技も桁違いに上手いことが実証された。

前半をパープレーに戻し、いよいよサンデーバックナインに突入する。10番をパーとすると、11番は300ヤードを優に超えるティショットで、第2打は何とピッチングウェッジ。ラインの揺れるパットを沈めてバーディ！

「アーメン・コーナーをイーブンで回りたい。そのためには12番で絶対にクリークに入れないこと」

神に祈るというこのホールを自分に祈り、ショットする。グリーンに安全に乗せて、長いパットをしっかり寄せてパーを取る。13番は第2打をピン上5mに乗せ、ボールの転がりに任せたパットを打つが、あと1cm届かずOKバーディ。アーメンコーナーを2アンダーとした。

こうなればもはや安全な旅ができようというもの。14番では第2打をロブウェッジで打ってバーディ。15番パー5は珍しくティショットをプッシュしてパー。16番はティショットをピンに付けるもののパー、17番をパーとして、18番は奥からのスライスラインを1mオーバーしたが、微妙なラインを読み切ってパーで仕上げた。ボールがカップに沈むのを見て、タイガーは右拳を下から回し挙げた。すぐに子どもたちが真似し出したタイガーのガッツポーズだ。タイガーはこの日70、トータル18アンダーで、大会最少スコアを最年少の21歳3カ月で達成した。

ホールアウトして引き上げてきた時に、父アールと固く抱き合った。タイガーは泣いていた。タイガーはアンドロイドでもサイボーグでもロボットでもなかった。熱い心を持った人間なのである。前年優勝のファルドからグリーンジャケットを着せてもらった後、スピーチで言った。

「子供の頃からの夢をとうとう実現しました。18番でグリーンに向かう自分は想像してたけど、スピーチをする自分は描いていなかった。だからなんて言ったらいいか」とパトロンたちを笑わせた。ゴルフ新時代の幕開けを告げる圧勝だった。

═マスターズ優勝者から学ぶゴルフ上達の名言③═

「相手の最高を想定し、どんなことが起きても動揺しない」（トム・ワトソン）

「いつでもピンを見ている。
ピンを狙うのがゴルフだろう」（セベ・バレステロス）

「いつもワクワクしながら次のショットを愉しむ」（フレッド・カプルス）

「自分に自信を持ち、自分のスイングを信じて打つ」（ベン・クレンショー）

「大きな夢を持って、その夢を持ち続ける。
そうすれば特別な存在になれる」（タイガー・ウッズ）

第５章
絶対王者、タイガーとその後の混戦時代

オーガスタナショナルGC　12番ホール

†2000年－2001年、タイガースラム達成

1997年のタイガー・ウッズの優勝は、アフリカ系ゴルファーの初優勝でもあった。黒人は長い間プロゴルフトーナメントに参加できなかった。白人条項により、PGAのプロにはなれなかったからだ。よってマスターズにも出場できなかった。しかし徐々に強い黒人プレーヤーが生まれ、キング牧師らによる公民権運動など人種差別をなくす世の中となり、PGAも黒人選手の入会を認め、マスターズにも門戸が開かれた。

初めて黒人選手が出場したのは1975年、リー・エルダーだった。彼の師匠のテッド・アロウズは、凄い実力を持ちながら出場できなかった。エルダーは1974年にPGAの大会に優勝して、出場の権利を獲得したのだ。それ以来、カルビン・ピートなど優秀なプレーヤーが出場しているが、タイガーの優勝まで肩身の狭い思いをしてきたことは事実だろう。タイガーは最終日にリー・エルダーを招待し、勝利を決めた後にエルダーに感謝、エルダーからも健闘を讃えられた。

タイガーがもし50年前に生まれていたら、いくら強くてもマスターズ優勝者にはなれなかったのだ。それが、最もタイガーが強運だったことかも知れない。2000年のマスタ

ーズ優勝者はフィジー島から出現したビジェイ・シンだったが、彼も50年前だったらグリーンジャケットを羽織ることができたかどうか。「フィジーの怪人」と呼ばれた188cmの大男も、白人条項によって大会に参加できなかっただろう。

タイガーは1997年のマスターズ初優勝の後、99年に全米プロ初優勝を遂げ、2000年のマスターズは5位に終わったものの、その後の全米オープン、全英オープン、全米プロを制覇した。つまり2001年のマスターズに優勝すれば、4大会メジャー連続優勝となる。年間グランドスラムとは言えないが、ホーガンやニクラウスさえやってない偉業達成だ。

タイガー・ウッズ

よって2001年のマスターズは、再びタイガーによってこれまでとは異なる雰囲気が漂った。25歳となったタイガーのライバルは、30歳になるフィル・ミケルソンと29歳のデビッド・デュバルという新しいスターたちだった。この年のマスターズは、32歳になるクリス・ディマルコが初日・2日と首位をキープする。

タイガーは初日・2日を70・66として、ミケルソンと共に2位タイにつけていた。ちなみにこの年は伊澤利光が2日目に4位タイに入り、最終日が終わってもこの順位を保ち、歴代日本人最高位となった。3日目はディマルコがパープレーでトータル206、ミケルソンがトータル205、タイガーは68でトータル204のトップに立った。

初のメジャータイトルに向けて、ミケルソンは真顔で言う。

「勝つために、明日の最終日は何としてもタイガーと回りたかった。彼を敗れば自ずと優勝になるからだ。明日は大切な1日になる」

最終日、タイガーは臙脂に近い赤のポロシャツに黒のパンツ。ミケルソンは黒のポロシャツにライトグレーのパンツで1番ティに登場。タイガーはティショットを左に曲げてボギー、ミケルソンはパーであがり、早くも両者は同スコアで並ぶ。その後は両者譲らず、息詰まる展開が続く。その間に前を行くデュバルは4連続バーディを決め、タイガーを抜いてトップに躍り出る。その後、タイガーは再びトップに返り咲くも、ボギーを打つなど差を広げられない。ミケルソンは、これまで同様にショートパットを何度も外して二人に並ぶことができない。

デュバルが15番でバーディを決めてトップに並ぶが、16番でグリーンを大きくオーバーするミスを犯す。「7番アイアンでそんなに飛ぶわけはない」と説明不能のミスだったが、難しいアプローチを冷静に寄せるもパットを力んでボギーとする。自分のミスによるこのボギーで神様が見放したのか、17番、18番と絶好のバーディチャンスをものにできない。一方のタイガーは15番で痛恨の3パットパーでバーディをとれず、続く16番も上りのストレートラインを決め切れない。ミケルソンは15番でバーディを奪うが、16番で3パットして遂に脱落。タイガーはデュバルに1打のリードで残り2ホールを戦うことになった。

「この一つのリードに、一つのバーディを加えて勝つ」

そう新たに決意するが、17番でバーディパットを惜しくも外した。18番でタイガーは安全にピンハイに打ち、下りのラインをカップのど真ん中から沈めてバーディを奪い、結果、2位のデュバルに2打差をつけて優勝を、そして4連続メジャー制覇のグランドスラムをつかみ取った。やったというよりもホッとしたという感じのあと、ミケルソンのラストパットの前に、タイガーは帽子を顔に被せて泣いてしまった。

「最後のパットを終えて、もうプレーをしなくていいんだと思ったら、感極まってしまった。でも、フィルとはちゃんと握手をしたよ」

タイガーはライバルたちに競り勝ち、ようやく安堵の表情を浮かべた。2年に渡るグランドスラムはタイガーが唯一成し遂げたものだけに、「タイガースラム」と名付けられた。このタイトルを次に獲るものは現れるのか、さらには年間グランドスラムを獲るものは現れるのか。この日から20年が経とうというのにまだ誰も実現できないでいる。

†コース改造も、難なくタイガー2連覇

2001年のマスターズを終え、オーガスタナショナルは大幅な改造がなされた。ギアの進化によりティショットを飛ばす選手が増えてきて、そうした選手がかなり有利になるため、これでは伝統のマスターズとは言えないということだったと思われる。コースは毎年5月下旬~10月中旬までの暑い5カ月間がクローズになるので、その期間を利用して、9ホールのティグラウンドを下げて距離を伸ばし、クロスバンカーも大きくし、ボールがランディングする辺りにはマウンドをつけた。98年に就任するや初めてラフを設けた5代目会長のフーティ・ジョンソンがコース設計家のトム・ファジオに命じて、ティショットを飛ばしても有利にならないように改造したのだ。

選手にとっては攻略するのが難しくなるが、ニクラウスもノーマンもタイガーも賛成し

た。「パー4では、第2打をミドルアイアンで攻めることになるのがマスターズだ」と。具体的には全長7000ヤード弱が一気に7300ヤード近くまで伸びた。ちなみに2020年には7475ヤードにまで伸びている。まさしく現代のチャンピオンコースの距離である。

コース改造後の2002年マスターズ。ニクラウス、ファルドに続き、2連覇を狙うタイガーの初日の1番ホールは右の林の中。タイガーはスタートホールが苦手だ。少しだけ右に曲がる上りのホール。フェアウェイ左サイドを狙ってはスライスとなり、右の林やクロスバンカーに入れることがほとんどだ。初日だけでなく最終日もそうなったことが多い。これはニクラウスなどの歴代優勝者にも多いことだ。2オン2パットで静かにスタートしたいのに、いきなり暴れてボギーを叩くのだ。誰もが大事なスタートで緊張を強いられるという証だろう。

子供の頃からマスターズを夢みてきた初出場の選手の中には、初日のスタートホールで緊張のあまりティアップできない選手も多くいる。その一人が片山晋呉。手が震えてボールがティからこぼれ落ち、ようやく3回目にティアップできたという。キャディは当時のコーチ江連忠だったが、彼もまた手が震えてキャディバッグが揺れる。アイアンがカタカタと音を立てていた。

「俺が江連さんに『大丈夫っすか』って聞いたら『シンゴ、ダメダメ』って言う。『やるのは俺ですよ』って。二人ともパニックでした」

片山がアドレスで「頼むから空振りだけはしないで」と自分に言い聞かせてドライバーを振ったショットは、ほとんどチョロと言ってもいいハーフトップだった。それでも空振りでなくてよかったと自分を慰めた。とは言え、初挑戦でしっかり予選を通り、40位フィニッシュはすばらしい。尾崎将司も青木功も中嶋常幸も、初挑戦は予選落ちだったのだから。しかし、初挑戦で日本人最高位の4位になった伊澤利光は桁違いのすばらしさだった。

タイガーは、スタートホールでティショットを右の林に入れながらもパーをセーブする。しかしショットの調子は1番ホールだけでなく、その後も良くなく、パットに助けられた1日となった。スコアは70でトップとは3打差だった。

2日目のタイガーはハーフを終えたところで雨が降ってサスペンデッド。翌土曜も雨が降り予定より遅れて9時からの再開となったが、タイガーは雨に濡れてソフトになったグリーンをデッドに攻めて2ラウンド目を69として、そのまま3ラウンド目に突入して66であがり、トータル205でレティーフ・グーセンに並ぶトップタイに這い上がった。2位にビジェイ・シン、3位タイにアーニー・エルス、フィル・ミケルソン、セルヒオ・ガルシアという実力者が続いた。世界の飛ばし屋たちにとってはグリーンを攻めやすいこともあり、距離が伸びたことはさほど影響せず、アンダーで回れたということだろう。

最終日は晴天となり、タイガーを追う激しい戦いになるだろうと予想された。タイガーは苦手とするスタートの1番を振り切れずに右のクロスバンカーにつかまる。しかしそこからパーを拾い、緊張からボギーとするグーセンを抜いて早くも単独トップに立つ。とはいえ、敵は一緒に回るグーセンだけではない。アウトを終えてシンが1打伸ばし、エルスも2打伸ばす。しかしタイガーも2打伸ばす。

サンデーバックナインで勝負に出る選手たち。13番パー5でイーグルを狙うもエルスがクリークに二度入れてトリプルボギー、シンは15番で二度池に入れて9を叩く。二人はタイガーの前から消え去っていく。ミケルソンが、苦戦しながらもタイガーを追いかける。グーセンも必死に追いすがる。しかしタイガーは15番で正確なアプローチからバーディを奪い、16番では90度に曲がるパットを何とか寄せてパーを拾う。17番をボギーとするが、2位以下との差をリーダーボードで確認しながらプレーし、最終ホールで危なげなくパーを取って優勝した。2位のグーセンに3打差、3位のミケルソンには4打の差を付けた。

もはや2連覇に涙などない。タイガーは笑顔で言った。

「僕は勝負を愉しむことができるようになった。戦うことが快感であり、その快感がエモーションを呼ぶ。勝利できて嬉しい」

マスターズでの勝ち方を覚えたタイガーに、ホールの距離を伸ばしたことなど大した意味はなかったようだ。この優勝でマスターズ3勝目、ニクラウスが言った「自分とパーマーの優勝を足した優勝回数（10勝）になるだろう」が、早くも現実味を帯びてきた。

†「無冠の帝王」ミケルソン初優勝

「今年の僕は変わったんだ。それはほんの少しだけ、プレー時間をかけること。たったそれだけのことで、大きく変わったんだよ」

大会前、「無冠の帝王」と、言われたくない愛称を付けられていたフィル・ミケルソンは記者会見で笑いながら言った。カリフォルニア州サンディエゴで、自宅にアプローチとバンカーショットのできる練習グリーンがあったという恵まれた家庭に育ったミケルソン。1歳半の時に父のスイングをそのまま見て真似たため、右利きなのにレフティになってしまった。

アリゾナ州立大に進学、在学中に全米アマとPGAツアーでも勝利して、ニクラウスに次ぐアメリカ白人選手と言われた。しかし、タイガー・ウッズをライバル視しながらも一向にメジャーに勝てない。全米オープンは2位2回、マスターズは3位に3回。瞬く間に34歳になっていた。結婚し娘もでき、もはや良きパパで終わるのかとさえ思われた。ところが04年に、良きパパが突然勝負師に豹変する。

初日、ミケルソンは逸《はや》ることなくパープレーの72に収める。首位のアーニー・エルスとは2打差。2日目も穏やかに69であがる。3日目も69。ビッグスコアが出るのに敢えて出さないと思える抑えたプレーだった。最終日のためにエネルギーを蓄えているような堅実なプレーだった。

フィル・ミケルソン

「日を追う毎になぜかリラックスしていく。嘘みたいだけど本当の話なんだ」

ミケルソンは3日目を終えてトップ。タイガーが上位にいないことが、彼の神経を穏やかにしているのかも知れない。最終日最終組を一緒に回るのはクリス・ディマルコである。注意すべきは3打差で4位にいるエルス。エルスには爆発的なスコアを出せる能力がある。

ミケルソンはアウトを終えてもまだ首位だった。しかしエルスが13番でイーグルを決めると、エルスが首位となり2打差をつけられた。こうなるとのんびりと構えてはいられない。12番は乗せるだけの安全策を変更、ピンを狙った。2mに付けてバーディを奪う。この時多くのパトロンが、ミケルソンの初優勝を願って応援し出す。

「13番は好きなホール。バーディにはしないと」

ミケルソンは、フェアウェイ右から会心のフェードでフェアウェイ左の絶好のポジション。ピンまで193ヤードを6mにつけるスーパーショットで、イーグルチャンス。最初のパットは外したがきっちりバーディを奪う。エルスに追いつけたかと思いきや、エルスは15番でバーディを奪う。

ミケルソンは粘り強く、14番であわやイーグルのスーパーショットを放ってOKバーディ。15番でバーディを取れば追いつけると思ったが、ティショットを曲げてレイアップした後の3打目がやや大きく、パットが入らずにパー。1打の差が重くのしかかる。

エルスの16番は、グリーン右に打ってピンへ転がすつもりが落ちない。下りのジェットコースターパット。ボールに触っただけで2mもオーバーした。しかしこの微妙なスライスラインを沈めてパー。この時実況アナウンサーが、「エルスの優勝は決まった」と言い切った。

しかし、この年のミケルソンはまったく諦めない。16番で正確なショットを放ってピン下6mに付けると、グリーン周りは大騒ぎだ。ミケルソンは笑顔でボールに近づき、このパットをしっかり沈めて、首位のエルスに並ぶ。左手で何度も拳を握り締めるミケルソン。おぼっちゃん育ちの男のどこにそんな闘志があったのかという熱量だった。

17番はエルスもミケルソンもバーディチャンスを逃す。前の組のエルスは18番をプレー、凄いショットを打つが、飛ばし過ぎで左クロスバンカーに入る。しかし、ここから難なく乗せて2パットのパーで終える。

続くミケルソンもまた最高のティショットを放つ。違うのは、スライスでフェアウェイに置いたことだ。第2打はピンハイにナイスショット。下りのラインだが2mと好位置だ。その後に、グリーン前のバンカーに入れたディマルコがサンドショット。これが何とミケルソンの7cm後ろに止まる。ディマルコがパットしてカップの右に外したのをしっかり確認したミケルソンは、左カップの縁からバーディパットを入れ込み、両手を挙げて飛び上がった。悲願のマスターズ初優勝！　唸《うな》りを上げる大ジャンプだった。

キャディの「ボーンズ」ことジム・マッケイは、ミケルソンと抱き合った後、18番グリーンの旗をピンごとキャディバッグの中に突っ込んだ。興奮して我を忘れてそんなことになったのか？

ミケルソンは優勝記者会見で言った。

「僕が優勝した時の18番ホールの旗を集めるのが、祖父の趣味だったのです。その祖父が『もう普通の大会の旗はいらない。メジャーの旗がほしい』と言ったんです。ところが、僕がそれを獲得する前に祖父は死んでしまった。なので、今日は天国から僕にマスターズの旗を取らせてくれたのだと思います」

キャディが手に入れたマスターズのピンフラッグは、きっとお祖父さんが眠るお墓に立てられたことだろう

†2005年、タイガー、16番奇跡のチップイン

2005年のマスターズは、大会前からジャック・ニクラウスが話題を独占していた。今大会でマスターズから引退すると発表したからだ。帝王は64歳になっていた。マスター

ズは優勝すれば永久出場権が与えられる。しかし予選落ちが続くようになれば、王者の面目は保てない。パーマーは前年の04年に、マスターズから引退した。

ニクラウスの引退の歴史的大会に同伴したのが、何と片山晋呉だった。となればもはや自分のプレーどころではない。いかにニクラウスに良いプレーをしてもらい、フィナーレを飾ってもらうか、水戸黄門に仕える助さんか格さん役に徹しなければならない。当て馬にさせられたと言ってもいいが、考え方次第では名誉ある役をいただいたことになる。

片山は初日のスタートティで、ニクラウスに挨拶する言葉を考えて何度も練習。当日の朝食では仲間に披露して、暗記したことを確かめた。ところが本番でニクラウスの前に立った途端、頭が真っ白になり言った言葉は「ミスター・ニクラウス、グッドラック」だけ。なんだそれ、という挨拶になったが、きっと帝王は、緊張している片山に優しい笑顔を投げかけたことだろう。

1番の小さなティグラウンドを取り巻くメンバーやパトロン。ニクラウスが打つと大きな拍手が鳴り、それは歩き出してもやまない。フェアウェイには両サイドにパトロンがぎっしり間隔を開けずに並び、ニクラウスが通る前に、次から次に立ち上がってスタンディングオベーション。王様に謁見する人々そのものだった。片山は邪魔をしないように、20

m以上後ろを歩かなければならない。グリーン周りでも同様だ。

2番ホールでも同様の光景となる。ニクラウスは立ち上がる人たちに手を振りながら歩くから時間もかかる。片山はさらにゆっくり歩かなければならない。これではリズムが悪くなり、ショットにも影響する。3番ホールからは、ニクラウスの前を歩くことにした。

「拍手されるのは僕じゃないのに、僕も気持ちが良くなる。しかしこうして引退するニクラウスさんは、ゴルファー冥利に尽きるなと感激しました」

片山はそう感じながら、1日5時間の至福の時間を2日間過ごしていった。そうして迎えた帝王最後のマスターズホール。ニクラウスは美しい2オンを成し遂げ、大勢のパトロンが立ち上がって拍手と歓声。涙するニクラウスがパッティングに入ろうとした。

「その時に、『見えないぞ、座れ』というパトロンの声が聞こえたわけです。周りを見渡しても僕しかいない。自分を指さすと『そうだ』の表情。『僕はプレーヤーなのです』と言いたかったけど、自分のキャディバッグに腰かけた。ニクラウスさんは最後のパットを終えてキャディの息子と抱き合った。ニクラウスさんは泣いていました。僕も拍手をしながら泣きました」

片山はニクラウスと握手をし、マスターズの旗にサインをしてもらった。片山がすばらしいのは、脇役に徹しながらも予選を立派に通過して33位となったこと。自分のゴルフもやり遂げたのだ。

さて05年の勝負のほうは、初日からタイガーが不調で74と出遅れる。13番ではナイス2オンから打ったパットが少し強くて、ピンはおろかグリーンも転がり出てクリークに落ちるハプニング。タイガーが起こしたまさかの「事件」だった。初日の首位はクリス・ディマルコで、67とタイガーに7打差をつけた。

2日目は午前を終えて大雨となり、サスペンデッド。土曜に2日目の残りから行い、ウッズは驚異の66であがる。しかしディマルコも好調を維持して67であがり、差は6打。そのまま第3ラウンドを行うが、二人が9ホールを終えたところで、サスペンデッド。この時点ではタイガーがラッシュをかけ、差は4打に縮まっていた。

最終日曜は、27ホールの長い戦いとなった。第3ラウンドの残りを、タイガーは10番の第2打から始めて早速バーディを奪う。ディマルコは10番のティショットからだが、そのボールが急斜面に止まり、第2打を右のペナルティに打ちダブルボギー。タイガーは11番でもバーディであがり、わずか20分でディマルコと首位タイに並んでしまうのだ。

タイガーは12番もバーディとして単独首位、13番もバーディを奪い、前日から7連続バーディの大会タイ記録を打ち立てる。このままタイガーが優勝へ向かって突っ走るのかと誰もが思った矢先の14番で、おかしな第2打を打ち、グリーンを外してボギーとすると、15番では第2打を池に入れて連続ボギーとした。それでも3ラウンド目は65のスコアで、トータル205。ディマルコはタイガーのボギーの間隙を突くべきところを自分もボギーとして、74を叩いてトータル208。タイガーに3打差を付けられた。

最終ラウンドはそのまま続行される。首位タイガーと2位のディマルコは最終組で一緒に回ることになった。前半のタイガーはバーディも取るが、ボギーも出る。ディマルコはパーオンすれど、パットが決まらない。両者の3打差は変わらず、バックナインに突入する。

タイガーは10番でティショットを左に曲げてボギー。ディマルコは11番でバーディを取るが、12番をボギーにして2打差。13番はお互いにパー、14番で「ここで仕掛けなきゃ」とディマルコ。会心の第2打をピンに寄せてバーディ。その差を1打とする。15番は二人とも会心のティショットを放つが、ディマルコのライはダウンヒル。勇敢なレイアップを選択して、3打目をピンに絡める。タイガーは2オンに成功、イーグルを狙うが、僅かに外れてバーディ。ディマルコは強気のパットでバーディを奪い返す。

16番パー3で、先に打つディマルコはピン手前にナイスオン。タイガーのティショットはアドレナリンが吹き出したのか、ピンの上を通過してグリーンを超えたところまで飛んでしまった。急斜面に打つ寄せは非常に難しく、ボギー必至。上げても転がしても寄らないと判断したタイガーは何とサンドウェッジでガツンと打ち、低い弾道で急激なスピンを入れ、ピンの上でキュキュッと止めてボールが落下するに任せた。

よろよろとピンに向かう打球はカップインかと思わせてカップ縁で一瞬止まった。パトロンの溜息が漏れる間もなく、ボールはゆっくりともうひと転がり、カップに沈んだのだ。奇跡のチップインバーディにタイガーは咆哮、白のつなぎを着るお抱えキャディのスティーブ・ウィリアムズもパトロンたちと一緒になって絶叫した。

どよめきはいつまでも残り、仕方なくパットするディマルコ。しかししっかりと打ち、あわやバーディのパー。奇跡のチップインを見た上でのディマルコの根性は見上げたものだ。だからこそタイガーは、17番でミスショットを打ってしまったのかも知れない。第2打を大きく右に打ち出し、グリーンをこぼしてボギー。ディマルコは難しいパーパットを沈めてパーとして、1打差に追い上げるのだ。

両雄は最終18番ティに向かう。ディマルコはパーフェクトなティショット。タイガーは飛ばしすぎて左ラフ。ディマルコは5番アイアンでグリーンに一度は乗せるが、転がり落ちてグリーン手前花道。タイガーはフックをかけるつもりが、そのままプッシュして右のバンカーに入れてしまう。

ディマルコのピッチショットはカップに当たるが入らない。タイガーはバンカーショットを傾斜に打って寄せるつもりが3mを残す。タイガーは決めれば勝てるパットを、何とショート。ディマルコは「強い気持ちで」と言い聞かせて1mを見事に沈めてパーを奪い、ボギーのタイガーと並びプレーオフとなった。興奮状態だったグリーン周りが一瞬、静まりかえった。その後の溜息とどよめきとざわめき。マスターズが始まって七度目のプレーオフとなった。

2004年からプレーオフは最初に18番を行って、それから10番へと変更された。よってこの年は18番から始まった。二人ともティショットをフェアウェイに打ち、ディマルコが先に6番アイアンでグリーンを狙う。しっかり乗せたいのに、先ほどとまったく同じようにグリーンに乗ってから転がり落ちて外へ。ディマルコの目が血走る。一方のタイガーは確実にピンハイ2mに乗せた。

ディマルコのピッチは僅かに外れ、OKパーを先に打つ。タイガーはじっくりとラインを読む。もはや舞台上の役者は自分一人。「この日のパットを決めるために何時間も練習してきた」と自分に言い聞かせて打つ。ボールは強く転がってホールに消えた。追いすがるディマルコを、苦労の末に突き放してつかんだ四度目の優勝となった。主役の座を渡さずに守り切った。

グリーンジャケットをミケルソンから着せてもらったタイガーは、スピーチで言った。「これまでのマスターズの優勝は父と抱き合った。でも今回はいない。この優勝は家で待つ父に捧げます」

心臓病を患い、前立腺癌にもなり、それが再発したアール・ウッズ。息子が獲得した4枚目のグリーンジャケットを胸に抱いて泣いたことだろう。スピーチを終えたタイガーの目には涙が溢れ出ていた。

†2006年に二度目、2010年三度目の優勝、ミケルソン目覚める

2006年は固く速いグリーンが整備され、選手たちは攻略に手間取る。バーディも奪えるがボギーも出やすく、堅実なプレーができにくい。タイガー・ウッズは連覇を目論むがショットが安定せず、初日72の19位タイ、2日目は71で10位タイ。首位から5打の差を

付けられたが、優勝への願望は強くなる一方だ。85年から予選通過を連続で果たしているフレッド・カプルスは好調で2日目を終えて3打差の2位タイに付ける。フィル・ミケルソンは4打差の5位タイ。

ムービングデーの3日目は雷雨中断となり、選手のやる気を削ぐ。中断は4時間も続き夕方に再開。それでも集中力を維持していたタイガーとミケルソンがバーディを奪っていく。しかし、日没サスペンデッドとなる。

最終日の日曜は夜明け前から選手が集まり、照明を灯した練習場でボールを打つ。7時45分にそれぞれ中断した場所からショットやパットを打ち始める。グリーンが雨でやや遅くなって皆積極的に攻めるが、第3ラウンドを終えて、首位はミケルソンでトータル4アンダー。ドライバーをドロー用とフェード用の2本をキャディバッグに入れて戦った成果だろう。

ミケルソンの1打差2位にカプルスが入り、この仲良し二人が最終組を回る。残りの第3ラウンドで、タイガーは11番、15番と池に入れてボギーを叩いて2打差の4位タイ。この位置にはビジェイ・シンなど4名の選手がひしめく。その他にも上位に多くの選手が入り込み、誰もが優勝のチャンスありの最終ラウンドが始まった。

タイガーは最終日もパットに苦しんで、スコアを伸ばせない。ビジェイなどの実力者も同様だ。最終組の二人はショット好調だがパットが決まらず、前半が終わり、首位はミケルソンで一つ伸ばしてトータル5アンダー。2位も、一つ伸ばしたカプルスのままだ。

いよいよ運命のファイナルバックナイン。バレステロスに続いて、94年、99年に優勝を遂げているスペインの新たな闘牛士、ホセ・マリア・オラサバルが驚異の66であがり、首位に2打差で最終組より9ホール前にホールアウトした。もはやミケルソンもカプルスもワンショットのミスも許されない。しかし仲良しの二人は、お互いを励ましながらプレーしていく。「優勝は僕らのどちらか」だと。パー5は飛ばし屋有利で13番は二人ともバーディ、15番パー5はミケルソンがバーディ。カプルスはショートパットを外すなど脱落して、ミケルソンが横綱相撲で、2位のティム・クラークに2打差を付けて堂々の優勝を飾った。

もはや完全に「無冠の帝王」という雰囲気はなく、風格さえ漂う王者となったミケルソン。グリーンジャケットは、カプルスと同じ3位タイに入ったタイガーが着せた。ミケルソンの優勝スピーチは、終始笑顔だ。

「初めてマスターズに勝った時は興奮して頭が真っ白になった。今回は優勝をしっかり噛みしめることができている。何ともいい味だ」

　この優勝でミケルソンがタイガーを退けて長く王者に君臨するかに思えたが、メジャー大会は翌07年が惨敗、08年09年も一つも獲得できなかった。やはり苦手なパットを完全には克服できていない。大事な場面でポロポロっと外すのである。ミケルソンは多くの選手をパットの悩みから解放させたパットの名手、デイブ・ストックトンに教えを請うた。

　ストックトンの教えの第一歩は紙に名前を書かせることだ。さっと書いたミケルソンに、今度はそれを上からなぞるようにと命ずる。すぐにパットを教えてくれるものだと思っていたミケルソンは大いに戸惑うが、ストックトンはそんなミケルソンに告げる。

「最初に名前を書いた時はサラサラ書けた。なぞろうとしたら途端にぎこちなくなった。フィルのパットはまさに2回目のライティングだよ。いつでも1回目のように何も考えずに自然に打つことだ。そう、自分の名前を書くつもりでね」

　その一言だけで、ミケルソンのパットはみるみるよくなった。加えてやったことは、ラインを読んだらそれに右手（右利きなら左手）の甲を向けるだけ。そのラインに乗せようなどとは考えない。ただ打つだけだ。2日目にミケルソンのレッスンは終了。翌週のツアーチャンピオンシップで、1パットを36回も決めて優勝した。パッティングを変身させ、ミケルソンは翌10年春のマスターズに参戦したのだ。

2010年のマスターズ、ミケルソンはピンクのリボンをキャップに付けてスタートした。このリボンは乳癌の早期治療を促す印。実は愛妻のエイミーが前年に乳癌を患い闘病生活となっていたのだ。しかし、彼女は夫の勇姿を見るため、無理を押してオーガスタナショナルにやって来ていた。

初日トップはミケルソンの親友、フレッド・カプルス。66であがり、1打差をつけてトム・ワトソンやフィル・ミケルソンなど5人が2位。タイガーは2打差の3位タイ。2日目が終わると、首位はイアン・ポールターとリー・ウェストウッドに替わって通算8アンダー。ミケルソンとタイガーは3位タイ、カプルスとワトソンは9位タイに後退する。

3日目の首位はウェストウッドが通算12アンダーで堅持、1打差にミケルソン、4打差にタイガーとカプルス。ミケルソンはパット好調故に余裕がある。ウェストウッドの出方次第で攻撃方法を変えていけるのだ。後はタイガーの動向を見ておけばいい。

「エイミーが頑張っているのに、僕がへこたれるわけにはいかない」

最終の日曜日、勝利への決意を秘めたミケルソンはマスターズ攻略の鉄則通り、前半をおとなしく1アンダーでやり過ごし、後半にエネルギーを蓄えた。アーメン・コーナーの

12番を確実に乗せてバーディを奪うと、13番ではフェードを打つつもりが引っかけて右の松林に入れる。ライは松葉の上。しかしグリーン方向に2本の松の間が空いている。

ミケルソンは勇気を持って200ヤード先のグリーンを狙った。6番アイアンを一閃、打球はクリークを超えて見事ナイスオン。バーディを奪う。これで波に乗ったミケルソンは15番でもバーディを奪い、3打リードを確認しながら残り3ホールを「オールドマンパー」として、2位のウェストウッドに3打の差を付け、パトロンに会心の笑顔を見せて三度目の優勝を飾った。

ホールアウト後、すぐにエイミーの元に駆けつけて抱擁、彼女の肩を抱いて、子どもたちと一緒にスコア提出に向かった。記者会見で「奥さんにどんな言葉をかけましたか？」と聞かれ「何も、ただ抱きしめただけだよ」とミケルソン。妻と抱き合い、二人で泣いた。夫婦二人で成し遂げた栄冠だった。

†2011年、松山英樹初登場でベストアマ

2011年のマスターズは、日本ゴルフ界にとって歴史的な年となった。東北福祉大2年の松山英樹がベストアマに輝いたからだ。ジュニア時代は才能溢れる石川遼の影に隠れ

ていたが、大学に入って肉体改造を行ってから強くなり、2010年アジアアマで優勝、翌年のマスターズに招待された。

夢のマスターズ出場だったが、1カ月前に東日本大震災が起きる。松山は欠場を覚悟したが、ゴルフ部の安部監督など周囲が「マスターズで頑張っている姿を見せて、災害にあった方々を勇気づけなさい」と言われてオーガスタナショナルに乗り込んだ。世界のトップアマがすべて予選落ちする中、松山は堂々の通過を果たし27位タイでローアマを獲得。日本人として初めて表彰式に参列した。

松山英樹
「マスターズはやること見ること、すべてが収穫でした。ショットのすべてが通用したわけではなかったけれど、パッティングは適応できました」

シルバーカップを持ちながら、胸を張った。

「重くないけれど、重いです。幸せです」

19歳の輝く笑顔は、希望に満ちた未来を約束していた。

この年のマスターズは、前年のアジアアマの舞台となった霞ヶ関カンツリー倶楽部のグリーンキーパー、清水優がボランティアでコースメンテナンス・スタッフとして参加したことも日本ゴルフ界初の出来事だった。清水はフェアウェイとクロスバンカーの整備を割り当てられた。

「アジアアマにはR&Aとオーガスタナショナルの会長さんらが視察に来られていて、グリーンの整備などをご覧になられたのです。ボランティアの応募への申し込みをしてみてくださいと言われ、参加できたわけです。大会前週の土曜日に世界中から集まってきたボランティアの決起集会が行われ、分厚い冊子に書かれている注意事項を丸1日かけて読みました。月曜から朝の4時に起きてコースに行き、夜の7時頃まで働きます。朝日に照らされたコースは美しく、言われていた通り、フェアウェイのアップダウンや傾斜はかなり大きかったですが、芝は芽がびっしりと詰まっていて、素晴らしかったです」

初めて見る生のオーガスタナショナルは、選手だけでなくスタッフもさぞかし感動するに違いない。

「私はフェアウェイの係で打ち終わった選手のディボットを埋めたり、バンカーを綺麗にならしたりする仕事を割り当てられました。その都度行うので持ち場を離れることはできず、グリーンの様子も見たかったのですが、名選手を間近に見られただけでも幸せでした。とにかくすべての選手にフェアであり、スムーズに進行できるように徹底した仕事分担とスケジュールが組まれていました。霞ヶ関カンツリーでの仕事に役立ったことは言うまでもありません」

マスターズのボランティアには、世界中から応募が殺到する。清水はその後何度も応募を試みたが採用されることはなく、やがて倶楽部での職種が変わってしまった。

そうした2011年のマスターズであるが、優勝は南アフリカのチャール・シュワルツェル。サンデーバックナインで15番から最終18番まで圧巻の4連続バーディを決め、通算16アンダーとし、2位のジェイソン・デイに2打差を付けてグリーンジャケットを手にした。最終日のフロントナインまで4打差を付けて首位だったロリー・マキロイが10番で左の林に打ち込み、7を叩いて転落していったことも記憶に残る大会だった。

ちなみにローアマを獲得した松山英樹は、その年アマチュアのまま日本の大きな大会である太平洋マスターズでプロを破って優勝。大きな飛距離と切れ味鋭いショットは日本に留まる器でないことを証明していた。

アジアアマを連覇して2012年もマスターズに出場、最終日27位タイからスタートしたが80を叩き54位タイに落ちた。確実だったローアマ連覇を逃し、ホールアウト後は両手で顔を覆い涙した。アジアアマに勝てず13年は出場不可、プロに転向して賞金王を獲得して翌14年に出場。左手首を痛めていたこともあり予選落ちを喫する。「悔しい以外に何もない」とコースを後にする。

2015年は雪辱のマスターズとなった。気負うことなく初日を終えて18位タイ、2日目はショット好調で12位タイに躍進。パットさえ決まれば上位に食い込めた。3日目に大量スコアアップを望むが、二つしか縮められずに10位タイ。8番でイーグルを決めるなどしたが、前半の好調さを後半につなげられない。15番、16番のバーディチャンスを決めきれないなど、もどかしさの残るラウンドとなった。

しかし最終日の松山は豹変。最初こそ我慢のゴルフだったが、8番のバーディから攻撃開始。10番をピンに絡め11番で7mを沈めて連続バーディ、13番も右の松林から2オンに成功しイーグルを決めた。最終18番も3mに付けてバーディで締めくくった。最終日を66であがり、自己最高の5位タイとなった。とはいえ、表情には満足感は皆無、悔しさがにじみ出る。

「土曜日に今日のスコアが出ていればと後悔が残ります。優勝を目指しているので」

2016年の松山も、グリーンジャケットを目指して粘り強く戦う。初日は後半にショットが乱れてスコア71で13位タイ。2日目は強い風の中、我慢のゴルフで72とし、7位タイと順位アップ。3日目はスタートホールをバーディと幸先良かったが、バックナインで10番、11番と連続ボギー、13番でバーディを奪うが、15番では1m半を外してパーとして72。イーブンパーだったが、首位のスピースに僅か2打差に迫る3位タイ。3日目を終え、いよいよ悲願の優勝に手が届くところまできた。

最終日、練習では良かったショットがホールを進む毎に悪くなる。緊張が体を縛り上げていく。4番、5番ボギー、6番をダブルボギーとしてしまう。しかしここからショットを立て直すところが松山らしいが、依然パットが決まらない。12番で3m半を外すと13番2mのイーグルチャンスも外し、14番、15番もバーディチャンスを逃す。18番はグリーンを外して「こんなにグリーンを外すなんて話にならない。自分に呆れた」とがっくりと膝を折り天を仰いだ。最終日は73とオーバーパーとなり、7位タイに順位を落とした。

「13番のイーグルパットが入っていれば……。15番あたりからどうパットしていいかわからなくなった」

松山は、この頃からひどいパット病に悩まされ出した。2011年のマスターズ初挑戦の時には「適応できた」と言っていたパットが惨状と化す。2017年は、最終日に驚異のドライバーと切れのあるアイアンショットで67と猛追したが11位タイ。18年は燃え切れずに19位、19年はティショットが安定せずに32位タイと、何とか踏みとどまってはいた。2020年は善戦したが、首位のダスティン・ジョンソンとは12打差の13位タイに終わった。

2020年12月に住友ゴム工業主催のリモート記者会見で、松山はシーズンを振り返った。

「2020年は新型コロナの影響でツアーが中断しましたが、いつ始まってもしっかりやれる準備はしていました。日本にいましたが、五輪強化選手になっていることもあり、練習環境は確保できていたし、練習もしっかりやれていました。ツアーが再開してからしばらくは成績こそ出ていませんでしたが、ショットは好調で、ようやくBMW選手権で3位になって自信が出てきて、マスターズ前週のヒューストンオープンでは2位になった。あといくつかパットが入っていれば優勝できたけど、それはマスターズにとっておこうと。ですから勢いを持ってマスターズに乗り込めました。初日、2日目と良かったのですが、やはり無観客は違和感があって、なかなか気持ちが盛り上がっていかなかったです。ダスティン（・ジョンソン）に追いつこうとして逆に離された。焦ったわけではないけど、それで戦い方もわかりました。今使っている新しいスリクソンＺＸドライバーは飛距離も出てフィーリングもいいので、５カ月後の２０２１年のマスターズは絶対に雪辱したい。勝ちに行きます」

勝負には敗れたけれど、闘志は微塵も萎えてはいない。目は爛々と輝いている。目指しているものに近づいている手応えがあるのだろう。

とはいえ、やはり問題はパットだろう。ベン・クレンショーが言うように、「グリーンを制す者がマスターズを制す」のだ。マスターズでの松山は４日間通してパットの調子を維持できず、大事なパットを決めきれないでいる。特に最終日のパットは重要だ。パットを決められなければチャージすることは不可能だからだ。それは本人が十分に自覚していること。だからこそ、松山は試合の時は常にただ一人、日暮れまで練習グリーンにいる。松山ほど練習する選手はいないだけに、あまりにもどかしい。新しいコーチの下でぜひ、ショットもパットもさらに磨きをかけてほしい。

†2012年、2014年、超人バッバ・ワトソンが2勝

時間を少し戻そう。松山がマスターズ二度目の挑戦をした2012年はビッグレフティのミケルソンに代わるレフティ、バッバ・ワトソンがプレーオフを制して涙した。ワトソンと優勝争いをしたのは南アフリカのルイ・ウーストハイゼン。2010年に全英オープンに圧勝し、実力は折り紙付き。初日2位、2日目3位、3日目は3位。一方、ワトソンは初日4位タイ、2日目3位タイ、3日目4位と、二人とも優勝を狙える位置をキープしていた。

タイガーは元気がなく、優勝は3日目1打差2位に付けていたミケルソンが王者のゴルフでさらっていくように思えた。ところが、スタートからパーを3つ続けた後の4番パー3で「事件」勃発。ティショットを右に引っかけ、パトロンの中に打ちブッシュへ転がる。ドロップする場所がなく、起死回生の右打ちを試みるも出ず、4打目もバンカーへ。トリプルボギーを打って、流れが一気に変わってしまった。ミケルソンは何とかパー5でバーディを奪うが、差し引き0のパープレーで3位に終わる。優勝したワトソンとの差は僅か2打だったから、いかに4番のプレーが痛かったかがわかる。ただ一度のミスショットが

死を招くのが、ゴルフの恐ろしさだ。

優勝へまっしぐらに進んだのは、ウーストハイゼン。2番パー5でアルバトロスを達成し、一気に首位に躍り出る。ここから逃げ馬に変身するが、逃げ切れないのがマスターズだ。3打しかスコアを伸ばせず69のトータル278。刺客に選ばれたのは、ワトソン。13番から17番まで怒濤のバーディラッシュで1打差。最終18番もバーディにして、遂にウーストハイゼンをとらえた。

プレーオフ最初の18番ホールは、両者チャンスをものにできずパー。2ホール目は10番。ドライバーで圧倒的に飛ばして優位に立ちたいワトソン。しかし力んだのか、フェード狙いがダックフックとなる。敢えなく松林に消えていくボール。このショットを見たウーストハイゼンは、安全第一と3番ウッドを選択する。しかし何と、このショットが大きくスライスするのだ。先に2打目を打つのはウーストハイゼン、ファーストカットから長い距離が残っているため、これも安全優先で花道に刻む。

「ワトソンは深い林の中で、僕のところからは見えなかった。出すだけだと思ったからね」と刻んだ理由を話す。

ところがパワフルなワトソンはショートアイアンを持ち、ハイボールで松林の上を超え、しかも凄いフックをかけてグリーンを狙った。他人から見ればギャンブルショットも、超人ワトソンにすればノーマルショットになってしまう。ピン手前4mにミラクルオン。パトロンはこのウルトラスーパーショットに騒然。テレビ画面には上空からの映像が流され、もの凄い弾道に度肝を抜かれる。

ショックは当然ウーストハイゼンを襲う。寄らず入らずのボギー。対してワトソンは、しっかり距離を合わせて2パットのパー。ワトソンがマスターズ、及びメジャー大会の初優勝を遂げたのだ。ガッツポーズもなく涙するワトソンに、パトロンは惜しみない拍手を送る。キャディと抱き合い、仲の良いリッキー・ファウラーらとハグ。グリーンジャケットを着る時も、涙がにじんでいた。

「まだ夢の中にいるみたいで、夢が叶ったのかどうかわからない」

2010年に父ゲーリーを喉頭癌で亡くして以来、癌撲滅を願うピンクのドライバーを使っているワトソン。天国の父に、マスターズ優勝という大きな贈り物をあげることができたのだ。

バッバ・ワトソンは、2014年にもマスターズを制覇する。3日目を終わりワトソンは、20歳のジョーダン・スピースと共に首位に立つ。スピースが勝てば最年少優勝になるため、パトロンはどちらかというとスピース贔屓。最終日はパトロンの追い風を受けてスピースが4番でチップインバーディを決め、7番でもバーディを奪って首位に立つ。しかしワトソンも4番では喧噪の中でしっかりとバーディパットを沈め、6番、8番、9番とバーディを奪う。8番、9番を連続ボギーにしたスピースを、ワトソンは2打リードして単独首位に立ったのだ。

サンデーバックナインは、まずはアーメン・コーナーが重要。スピースは、12番パー3でクリークに入れてしまう。

「アゲンストの風が弱まったので、9番で右のピンにピッタリだと思った」

そう言うスピースだが、12番グリーンは右斜めに作られクリークもそれに沿っている。グリーン右は、左よりも遥かに距離が長いのだ。ジョーンズとマッケンジーの罠にはまった感じだ。

続く13番パー5。ここでは誰もが2オンして最低でもバーディを奪いたいが、それにはティショットをミスなく打つことが肝心だ。最初のティショットはピンクのドライバーのワトソン。ワトソンのボールは左林OB方向に飛んでいった。横で見ていたスピースは驚愕する。

「あのショットは生涯忘れない。完全にOBだと思ったら林の上を越えてフェアウェイに落ちたんだ。もの凄いボールだった」

ショックを受けるスピースは右の林に入れ、そこから2打を要してワトソンの少し前に行くだけ。ワトソンはサンドウェッジで楽々2オンしてバーディ。このホールで勝負は決着した。ワトソンが2位のスピースに3打差を付けて、マスターズ2勝目を挙げたのだ。

†2013年はスコット、2015年はスピースが優勝

アダム・スコットは、ハンサムな気のいいオージーだ。それだけに勝負に弱そうなイメージがあった。2011年は同じオージーのジェイソン・デイと並び2位タイに終わったが、チャール・シュワルツェルの猛攻がなければ優勝していたかもしれない。2012年の全英オープンでは優勝目前の最終日ラスト4ホールで4連続ボギーを叩いて、アーニー・エルスに逆転負けを喫している。今回のマスターズでも、ノーマン同様に勝利は遠のいてしまいそうにも思えた。

アダムは最終日6位タイからスタートし、すばらしいプレーで首位に立っていた。18番最終ホール、アダムは8mのバーディパットを決めた。カップの縁をくるりと回ってから

入ったこの劇的なパットで、誰もがアダムの優勝と思った時、最終組の陽気なアルゼンチン男、アンヘル・カブレラがあわやイーグルというバーディを決めて、アダムに追いついてしまったのだ。

こうなると追いついたカブレラが有利。カブレラは2007年の全米オープンでタイガーを撃破しているし、2009年のマスターズでは3人でのプレーオフに競り勝っている。1968年のマスターズでは、アルゼンチンのロベルト・デ・ビセンゾが同伴者のスコア誤記によって優勝を逃しているが、その母国の歴史的悲劇を自分が主役の英雄劇に変えてしまったパワフル男だ。

相手がヘビー級のカブレラでは、優男のアダムは木っ端微塵に叩きのめされそうである。ノーマンでさえ果たせなかったオーストラリア人のマスターズ制覇は、またもや夢と消えそうだった。ノーマンはフロリダの自宅のテレビに噛り付き、アダムの一挙手一投足を見守っていたのだが……。

プレーオフ1ホール目の18番は、お互いパーで分けた。2ホール目は10番ホール。アダムが飛ばせばカブレラも負けじと飛ばす。二人とも譲らずパーオン。先にパットするのはカブレラ。6mのパットは入りそうだった。入ればアダムの4mを入れるのは厳しくなるだろう。先手有利だが、カブレラは僅かに外してしまう。

アダムがラインを読むが、キャディが違うと手を振る。キャディはノーマンに付いていたスティーブ・ウィリアムズ。縁起が悪い？　いや、その後何度もタイガーを勝たしている名キャディだ。アダムはスティーブの読み通りにパットした。長尺パターで打つとボールはゆっくり転がってカップに消えた。アダムは万歳した後に膝から崩れ落ちた。カブレラが近寄り「おめでとう」と祝福する。いい男同士の戦いだったが、その時は勝利の女神がハンサムガイを選んだということかもしれない。

２０１５年のマスターズは21歳のジョーダン・スピースが初日からトップで優勝するという完全優勝、ワイヤー・トゥ・ワイヤーを成し遂げた。21歳での優勝はタイガーと同じ最年少記録。しかもトータル18アンダーも、タイガーに並ぶ最少スコア記録。マスターズでの完全優勝はタイガーも成し得ていないし、出場２回目での優勝もタイガーを抜く記録。4日間トータルで28個のバーディも大会新記録だ。

スピースは２０１２年テキサス大を全米大学選手権で優勝させるや、中退してプロに転向。翌年すぐにＰＧＡツアーで優勝、14年のマスターズでは最後までバッバ・ワトソンと優勝を争った。タイガーが腰痛でチャージすらかけられない時に現れた、タイガーを凌ぐゴルフ界の彗星がスピースだった。

２０１５年のマスターズで、スピースは初日に64をマーク、２日目に66を出し、３日目に70としたものの、最終ラウンドもバーディ先行で４つのパー５で３バーディを挙げて70でまとめ、２位のジャスティン・ローズに４打差を付ける悠々の初優勝を遂げたのだ。最終の18番ホールで１ｍ半のパットを外さなければ、大会新記録の19アンダーになるところだった。

２位スタートでまったく追いつけなかったミケルソンは、スピースを「ショットメーカーであり、パターの名手。プレッシャー処理も長けていて弱点が見当たらない」と脱帽の体。タイガーも「必要とされることがすべて行える。すばらしい選手」と賞賛する。

スピースの打法はちょっと変わっていて、グリップは逆オーバーラッピング。窮屈そうに見えるが、それで大きく飛ばせるのだから凄い。パットのグリップはクロスハンドで、ロングパットではボールを見て打つが、ショートパットはカップを見ながら打つ。練習法としてはあるが、本番で行う選手はそれまでは皆無だった。スピースを育て上げたキャメロン・マコーミックは言う。

「スイングでのグリップは子供の時から。それで上手く打てているのだから直さない。パットもカップを見て打てばスムーズに手が動く。インパクトも緩まないし、フォローも目標を向く。ショートパットになると痺れてしまう人は、ジョーダンを真似るといいですね」

確かに、やってみるとカップインの確率が上がる。バスケットのシュートや野球の投手のような感覚でパットを行う感じだ。実際にスピースは子供時代、野球の投手だった。しかもサウスポーだった。つまり、スピースは左利きなのに右打ちでゴルフを行う。これは左手リードの感覚がスイングやパッティングに効果的に働く。ミケルソンは右利き左打ち。右手のリードが正確なスイングをもたらしていると言ってもいい。

またジョーダンは、構えてからスイングするまでが非常に速い。ほぼ1秒の半分で打ってしまう。これは速いと言われるタイガーやミケルソンよりも速い。ボビー・ジョーンズも非常に速く、構えた途端に打っていたと言われる。ジョーンズが、その理由を話している。

「目標を見て目をボールに戻した途端にスイングを開始する。これをルーティンにしてしまうのだ。そうすれば考えずに目標に向かってスイングできる。筋肉も硬直しないしプレッシャーもかからない。心臓がドキドキする前に打てるのだ」

ジョーンズのスイングテンポでゴルフするジョーダンは、ジョーンズの生まれ変わりかも知れない。マスターズに史上最年少で勝つのも頷けるというものだ。ジョーダンはこの年、マスターズだけでなく、全米オープンにも優勝する。

翌2016年のマスターズでもジョーダンは初日から3日間首位を独走し、前年同様にぶっちぎりで優勝すると思えたが、何とアーメン・コーナーの12番でまさかの池ポチャ、打ち直しもクリークに入れるという「大事件」をやらかす。このホールを7として一気に転落、ダニー・ウィレットに優勝をさらわれてしまったのだ。2014年の12番池ポチャでの敗北を学んでいないことに対して、ゴルフの神様が試練を与えたのかも知れない。パトロンの誰もが「アーメン」と呟いたことだろう。

†2017年、「神の子」ガルシア、遂に優勝

何度も雄叫びをあげた。この雄叫びにどれほどの思いが込められているか。

「神の子」も37歳。メジャー挑戦は実に74回に及ぶ。1999年、マスターズ・ローアマに輝いた時は19歳。すぐにプロに転向し、即座に欧州ツアーで優勝。全米プロではタイガーに1打及ばずに2位だったが、「神の子」エルニーニョはPGAツアーでも大活躍して

いく。

欧州とＰＧＡの2大ツアーで次々に勝利を収め、手に入れるべきはメジャー大会だけになる。25歳の時は全米オープン3位タイ、27歳の時には全英オープンタイトルをほとんど手中に収めるところだったが、肝心の場面でパットが入らず、パドレイグ・ハリントンに競り負ける。翌28歳の時は、全米プロでまたもや2位で終わる。スペインの天才は天才故の勝負への甘さがあったが、それがガルシアの魅力でもある。特に女性は、ガルシアに母性本能がかき立てられるようだ。女性にモテる人気プロである。

しかしメジャータイトルは、一向に手に入らない。ゴルフに飽きてしまったような時期もあったが、再びやる気を取り戻し、２０１7年2月にオメガ・ドバイ・デザートクラシックに優勝し、4月のマスターズを迎えるのだ。

ガルシアは初日から好調で4位タイ発進、2日目に首位タイとなり、3日目を終えて、リオ・オリンピック金メダリストのジャスティン・ローズと首位に並ぶ。後続にリッキー・ファウラーやジョーダン・スピースがいたが、ショットの好調さを考えれば二人に優勝は絞られた様相だった。

最終の日曜日は晴れ渡ったマスターズ日和。先にバーディを奪ったのはローズ。しかしガルシアもバーディを奪って、両者共前半で二つスコアを伸ばす。勝負のサンデーバックナインに入り、ガルシアが10番でボギーを打つ。11番でもボギーとして差が2打に広がる。しかし、ガルシアは落ち着いていた。

「全然慌てなかった。まだ残りのホールはたくさんある。大丈夫ってね」

だから、難しい12番でも無理しない。確実にグリーンをとらえてパー。13番で飛ばせばバーディは取れる計算だ。ローズはすばらしいティショットを放つ。後で打ったガルシアは、パワーフェードで飛ばそうとした。しかし、左の松林から回すつもりが松に当たった。幸い根本にボールはあったが、スイングできない。アンプレアブルを宣言してハーフショットでクリーク手前に。ローズに2打ビハインドなのに、少しも動揺していない。

ローズの2打目はグリーンをオーバーした。そこからの長い下りの寄せは難しい。ガルシアはやわらかいピッチショットでピン2m。ローズの転がしはあわやチップインだったが、カップをすり抜けて1mオーバー。ガルシアのパッティングは、左手はノーマルだが、右手は甲を上に向けたクローグリップ。何度か素振りしたあと、この距離をしっかり沈めてパーセーブする。ローズもガルシアに似たようなクローグリップだが、1mを打ち切れずにパーとなった。

ピンチをパーで脱したガルシアは、続く14番で気分良くティショット。第2打は傾斜を使ってピン2mに寄せてバーディ。ローズは長いパットを何とかパーに収める。1打差に詰め寄ったガルシアの15番ティショットは、会心の当たり。ローズもしっかりとフェアウェイに打つが、ガルシアより30ヤードも後ろだ。ボールへ向かう二人の歩く姿は、ガルシアのほうが首位に立っている雰囲気がある。飛ぶ者の強みが貫禄になる。

15番、ローズの第2打は池を越えたがグリーン右のカラーに流れる。ガルシアは8番アイアン。ビシッと打ったボールはピンまっしぐら、ワンバウンドでピンに当たって3mで止まった。ジーン・サラゼンが成し得たダブルイーグルの再現かというスーパーショットだった。パットも大胆に沈めてイーグルを奪う。パトロンは狂喜乱舞。

「これまでで最高の8番アイアンのショットだった。パットも今週のベストワンだったよ」

しかしガルシアのトップは一瞬だけ。ローズは絶妙の寄せでバーディとする。ローズの根性も見上げたものだ。両者9アンダーで首位に並ぶ。もはやマッチプレー。後続組は二人に近づくことさえできない。

16番ガルシアのショットは、定石通りピンの右に飛んで落ちて2m。このショットを見て逆に集中力を高めたローズは、やはりピン右にボールを飛ばして、こちらも2mだがピンの下に付けた。先にローズが綺麗に沈めてバーディ。小さくガッツポーズを作る。ガルシアは下りの微妙なライン。打ち切れずにパーとし、ローズが再び1打リードする。

17番ローズのティショットは、ドローがかかり過ぎてセカンドカット。ガルシアは会心の当たりでフェアウェイ。ローズの第2打はアゲンストの風に押されたのか、グリーン手前のバンカー。ガルシアはピン手前4mにナイスオン。ローズのバンカーショットはピン手前2m。ガルシアのパットは力なくカップを外れたが、ローズもパーパットを外してしまう。再び9アンダーで並ぶ二人。

イングランド対スペインのサッカーの試合のよう。一進一退で僅かな残り時間に勝負のゴールを狙う。勝者がどちらになるのかはまったくわからない。

最終18番ホール。ガルシアのティショットは迫力のフェードでフェアウェイ。ローズはドローでフェアウェイをキープする。第2打はローズから。この場面先に打ってピンに付ければ断然有利。勝負のショットは、右カラーの土手に当たり左に跳ねてピン2mについてしまう。幸運はローズに傾いた。それでもガルシアは自力で完璧なショットを放ち、ピンハイ1m半に付ける。しかしここでも先にパットするほうが有利だ。ローズは、読み通りのややフックラインを綺麗に打った。ところが、なぜかカップ周りで真っ直ぐに転がって入らない。うなだれるローズ。もはや負けを覚悟している。

「入ったと思ったパットが抜けた。入れれば勝利が近づき、外せばガルシアが必ず入れる」

勝負の鉄則をローズは熟知している。入念にラインを読むガルシア。この最終日伝統の最終ホールのピン位置はピンハイからは少し左に切れるかストレートのどちらかだ。これまで、決めて優勝した者もいれば外して敗者になった者もいる微妙なライン。鍵は気持ちを強く持ってしっかり打つこと。

しかし、ガルシアは距離を合わせた。ボールは無情にもカップの右をすり抜けた。ガルシア、メジャー74試合目も勝てないのか。しかしこのパットミスでも、今回は負けたわけではなかった。ローズと並んでおり、勝負はプレーオフに持ち込まれた。

再び18番のティグラウンド。ローズが先に打ち、ドローでなくフェードを打とうとしたのか、ティショットが右に曲がって松林の中。ガルシアは先ほどとまったく同じティの右から、まったく同じスイングで打球をフェアウェイに飛ばした。ローズの第2打は林から出すだけ。ガルシアが第2打を打ち、ピンの右2mに乗せる。ローズ勝負の第3打はピンに絡まず5mにオン。

グリーンに上ってくるローズの顔は薔薇色に上気している。一方、大歓声を受けてグリーンに上がったガルシアはやや疲れた感じ。ああ、この人はこんな場面でも母性本能をくすぐるのかと感じてしまった。

ローズのパットは、今度はカップ右ではなく左に抜けた。ガルシアは2パットでも優勝だ。ローズは負けを認めて笑顔が出る。ガルシアはすっかりリラックスできたのか、パットをカップに沈めた。いつもパットをショートしてはメジャータイトルを逃してきたガルシアが、このマスターズではほとんどのパットをカップオーバー目に打てていた。

「実はこの大会では、初日からすべてのパットを目を瞑って打っていたんだ。目を瞑ればボールの行方を気にしなくて済むからスムーズに手が動く。オーガスタナショナルのように速いグリーンでは、特に僕にはいいんだ。怖がらずに打てるからね」

ガルシアにはもはやバーディはいらなかったが、目を瞑ったまましっかりボールを打ってカップに入れ、有終の美を飾った。

「セルヒオ、セルヒオ」の大合唱がいつまでも続いていた。唯一の弱点だったパットに自信を付けたガルシアは、これから史上最高の40代を迎えるかも知れない。

†2019年、タイガー・ウッズ、涙の復活優勝

「タイガー、タイガー、タイガー」

パトロンたちの大合唱が、2019年春、オーガスタナショナルに響き渡る。

タイガー・ウッズ本人も僅かな距離を沈めただけなのに、喜びが爆発してしまい、我を忘れる。右手を振り回すガッツポーズの後、両手を高々と挙げ、大声で咆哮する。キャディのジョー・ラカバと抱き合い「ウィ・ディド・イット!」(僕らは、やった!)「オール・ザ・ワーク・ペイド・オフ」(努力は報われた)と讃え合った。

世界に君臨した王者タイガーは度重なる怪我や私生活の問題で、傷だらけの虎になっていった。2008年の全米オープンで膝の痛みと闘いながらメジャー14勝目を勝ち取ったが、膝の故障が悪化して長期リタイヤ、復活したあとも不倫スキャンダルやセックス依存症治療などで試合の無期限参加停止を宣言した。

それが解除された12年と13年、PGAツアーでは腰の痛みを押して8勝を遂げるが、その後とうとう手術を余儀なくされ、それでもすぐには復帰できなかった。復帰しても本来のゴルフとはほど遠く、さらに腰を悪化させ、寝たきり人間となってしまった。16年と17

年はメジャー大会に一つも出られなかったのだ。

タイガーは言った。「(16年の)チャンピオンズ・ディナーは出席するだけでも大変だった。ジャック・ニクラウスの隣に座った時、彼に『僕はもう終わった』と告げたほどです。だって歩くこともできなければ、動くことさえままならなかったのです」

2017年、人生四度目となる手術を受けたタイガーだったが、この手術が成功した。ゴルフをしても痛まなくなったのだ。2018年は徐々に調子を上げ、全英オープンで残り8ホールまで首位に立ち、全米プロではブルックス・ケプカに負けたものの2打差の2位。この時のテレビ視聴率は、ゴルフ番組史上最高とも言われるほどだった。

どれだけアメリカ国民が、いや世界中のゴルフ好きがタイガーの復帰を望んでいたかがわかる。そして9月のツアー選手権での優勝。大群衆が最終組のタイガーについて回り、最終日最終ホールではグリーンに向かうタイガーが見えなくなるほどの人々が彼を囲んで行進した。ボビー・ジョーンズが育ったイーストレイク・ゴルフクラブで、PGAツアー5年ぶりとなるタイガーの優勝パレードのような復活劇が行われたのだ。

復活したタイガーが、翌2019年のマスターズに乗り込んだ。タイガーは初日11位タイとこれまで通りのスロースタートで、2日目に首位と1打差の6位タイに順位を上げ、

3日目にはフランチェスコ・モリナリに続く2打差2位タイに迫り、一緒に最終日最終組を回ることになった。モリナリは3日までボギー一つと非常に安定したゴルフを展開、タイガーには前年の全英オープンに競り勝っているし、今回のマスターズでも逃げ切ると予想したアナリストは多かった。

最終日の序盤は、タイガーが3番でバーディを獲るも4番、5番でボギー、しかし7番、8番で連続バーディを奪って35のトータル12アンダー。一方モリナリは、手堅くイーブンパーでトータル13アンダー。その差は1打に詰まったが、タイガーが10番でボギーとし、スタートのままの2打差となって、アーメン・コーナーに突入する。

11番は両者パーであがり、何かと「事件」が起こる12番に到着。ティグラウンドでは前の組が見える。ケプカとイアン・ポールターがティショットをクリークに落としていた。風がアゲンストに変わったのだ。このホールで打球をクリークに入れれば命取りになることをタイガーは熟知している。

タイガーは試合後に言った。

「モリナリも前の組のことはわかっていたはずだし、風がアゲンストになっていたことも確認していたはず。そこで一つ大きな8番アイアンを使うことに決めたと思うが、彼は飛び過ぎでバンカーに入れることも避けたかったのだと思う。コントロールしようとして当たりが悪くクリークの餌食になってしまった。僕は冷静に9番アイアンでフルスイングすることだけを考えた。それも安全にグリーンのセンターを狙って」

モリナリはダブルボギーを打ち、タイガーはパーをとった。この12番で両者は首位に並んだ。二人が13番でティショットを打ち終わった後、13番のグリーン上ではケプカがイーグルを奪取していた。しかしタイガーもモリナリもこの13番でバーディを取る。ケプカは15番でもバーディとして二人に追いつくが、このホールをタイガーがバーディとして1打リードの単独首位に躍り出る。一方、モリナリは池に入れてダブルボギーにしてしまい脱落した。

タイガーは16番でピン1mに寄せるスーパーショットを放ち、ケプカに2打差を付けるのだ。12番をパーに収め、13番、15番を最低でもバーディにして、16番でとどめのバーディを奪う。これはニクラウスの勝利の方程式である。それをタイガーがものの見事にやってのけた。マスターズを戦い抜いてきた選手だけが達成できる伝統芸である。ケプカは、17番で大事なバーディパットを外して、タイガーとの差を詰められなかった。

最終18番ホールにやって来たタイガーは、スコアボードを見て戦略を変えた。

「バーディでもパーでもなく、１００％確実なボギーであがればいいのだ。それが最終ホールで2打差を付けた者の権利であり、勝利への戦略なのだ」

タイガーはその通りに実践し、３オンでＯＫボギーを取った。ジョーンズとマッケンジーが考えたアベレージ・ゴルファーのルート。タイガーは敢えてこのルートを選んだ。意図した30cmの勝利のボギーパット。最後の最後にこんなことを考えて実行できるのも、43歳となった熟練したタイガーならではの妙味だろう。

タイガーは涙をにじませながら、優勝スピーチで言った。

「初優勝から今日の優勝まで22年、本当に長かった。動けなくなるほどの怪我もし、他にもたくさんの出来事があった。一時は、自分のゴルフ人生は終わったとさえ思った。でも僕は再びボールを打てるようになり、試合にも復帰できた。それだけでも幸せだったのに、優勝までできた。しかも今日はマスターズに勝てたのです。まだ現実ではない気もしますが、肌をつねれば痛いのです（笑）。本当に僕は幸せ者です」

パトロンたちも涙した。14年ぶり5回目のマスターズ優勝である。メジャー優勝は今回の優勝でニクラウスの18勝に次ぐ15勝とした。どん底を味わったタイガーは、変わった。冷徹さがなくなり柔和になった。スイングも柔らかくなった。コースの攻め方も力尽くで征服するのではなく、フェアウェイをいたわるような優しいものになった。一緒にプレーする選手とは会話を交わし、試合であっても愉しいラウンドを心掛けるようになった。

「ゴルフができるだけで嬉しい」

そのことが、タイガーの心を温かく優しく柔らかく変えたのに違いない。

最終日の最終グリーン、タイガーのウイニングパットを見るために、多くの選手が駆けつけていた。パトロンだけでなく、戦い合っている選手からも愛されるスーパースターになったのだ。これはオーガスタナショナルを造りあげ、マスターズを開催したボビー・ジョーンズの願いであった。

「友たちと愉しくプレーし、競い合う。ゴルフは愉しくなければいけない。愉しいことこそがゴルフなのだ」

それをマスターズが始まった85年後に、タイガー・ウッズが見事に成し遂げ、新たな優勝を勝ち得たのだと、私は信じている。

＝マスターズ優勝者から学ぶゴルフ上達の名言④＝

「集中力があれば怖いものは何もない。
勇気が湧いて闘争心が出るんだ」（フィル・ミケルソン）

「自分の短所は目を瞑り、
長所を磨いてそれを武器にする」（バッバ・ワトソン）

「人と違っても自分が良ければ
それを信じて自分のものにする」（ジョーダン・スピース）

「パターを目標に合わせたら
目を瞑ってイメージ通りに打つ」（セルヒオ・ガルシア）

「決して諦めないこと。諦めないことで未来が開ける」（タイガー・ウッズ）

おわりに　マスターズを愛する一ゴルファーとして

２０２０年のマスターズは、１９３４年に開催されてから初めて春の開催ができず、秋の開催となりました。それも観客が一切いない無観客試合でした。こうなった原因は、アメリカはもちろん世界を襲った新型コロナによるものです。この２０２０年大会は、世界ランク1位のダスティン・ジョンソンが順当と言えば順当に優勝しました。例年ならば必ず起こる日曜午後の「事件」、サンデーバックナインのドラマがなく、それはひとえに観客がいなかったことによるものだと思っています。

観客の声援、歓声、落胆などは選手のプレーに大きな影響を与えます。マスターズの舞台となるオーガスタナショナル・ゴルフクラブのインコース＝バックナインはホールや付帯するスタンドが近く、観客の動向が選手に、よりダイレクトに伝わります。それもパトロンと呼ばれるゴルフをよく知るマスターズの観客の声はコースに響き、目の前の出来事の真実を選手に伝えます。リードしている選手はそんなパトロンの声を耳にして、他の選手に追いつかれるのではないかとハラハラドキドキし、首位を追いかける選手はパトロンの声援を背に受けて、信じ難い奇跡的なプレーを繰り広げます。

ドイツの偉大な指揮者、故ヴィルヘルム・フルトベングラーは「オーケストラは指揮者と観客がいてこそ、最高の演奏が可能になる」と語っています。それも最高のオーケストラと最高の観客がいてこそだと。ゴルフの大会も同様で、すばらしい観客がいてこそ一流選手のプレーにも新しい命が吹き込まれ、試合は最高の盛り上がりを見せます。

マスターズという大会はそのことがより顕著です。よって無観客のマスターズはマスターズであってマスターズではない、とも言えます。どうかこれからのマスターズは感染対策を万全にして、せめてスタンドだけでも観客を入れてほしいものだと願っています。マスターズを楽しみにしている一ゴルフファンの願いとして。

なお、本書を執筆するにあたり、編集を担当してくださった筑摩書房編集部の羽田雅美さんに大変お世話になりました。この場を借りてお礼申し上げます。

ゴルフを愛する人、愉しまれている人、これから始めようとしている人など、すべてのゴルファーにこの本を捧げます。最後まで読んでいただき、ありがとうございました。

2020年2月

本條　強

オーガスタナショナル・ゴルフクラブ　全ホール図と解説

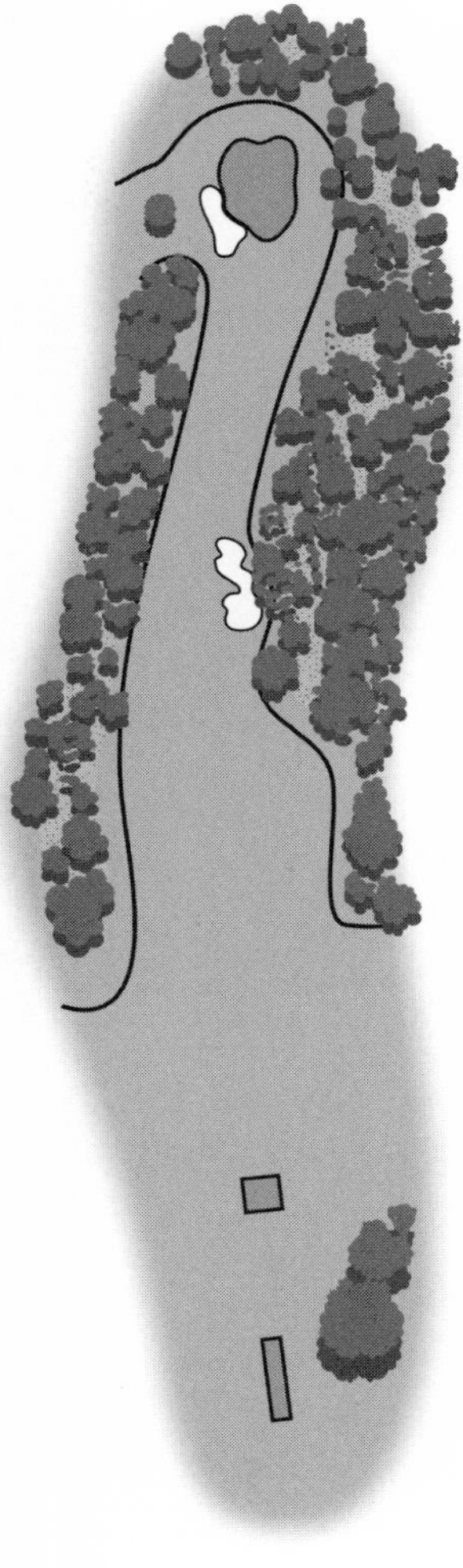

1番　ティオリーブ
445ヤード/パー4

名だたる選手でも緊張するスタートホール。やや右に曲がり上っていく距離のあるパー4。

フェードボールでフェアウェイ左サイドに打ちたいが、スライスして276ヤード先の右クロスバンカーや林に入れることも多く、ドローヒッターは引っかけて左の林に入れることもある。

ジョーンズは「ピンがグリーン左サイドのガードバンカー越えに切ってあると、フォローの風の時は寄せにくい。ピンが右奥で風がアゲンストの時は突っ込むか思案することになる」と語る。

ジャック・ニクラウスもタイガー・ウッズも初日は、このスタートホールを苦手としている。グリーンも意外と難しく、2016年の初日にアーニー・エルスが6パットして9を叩いている。トラブルなく、パーで無難にスタートしたい。

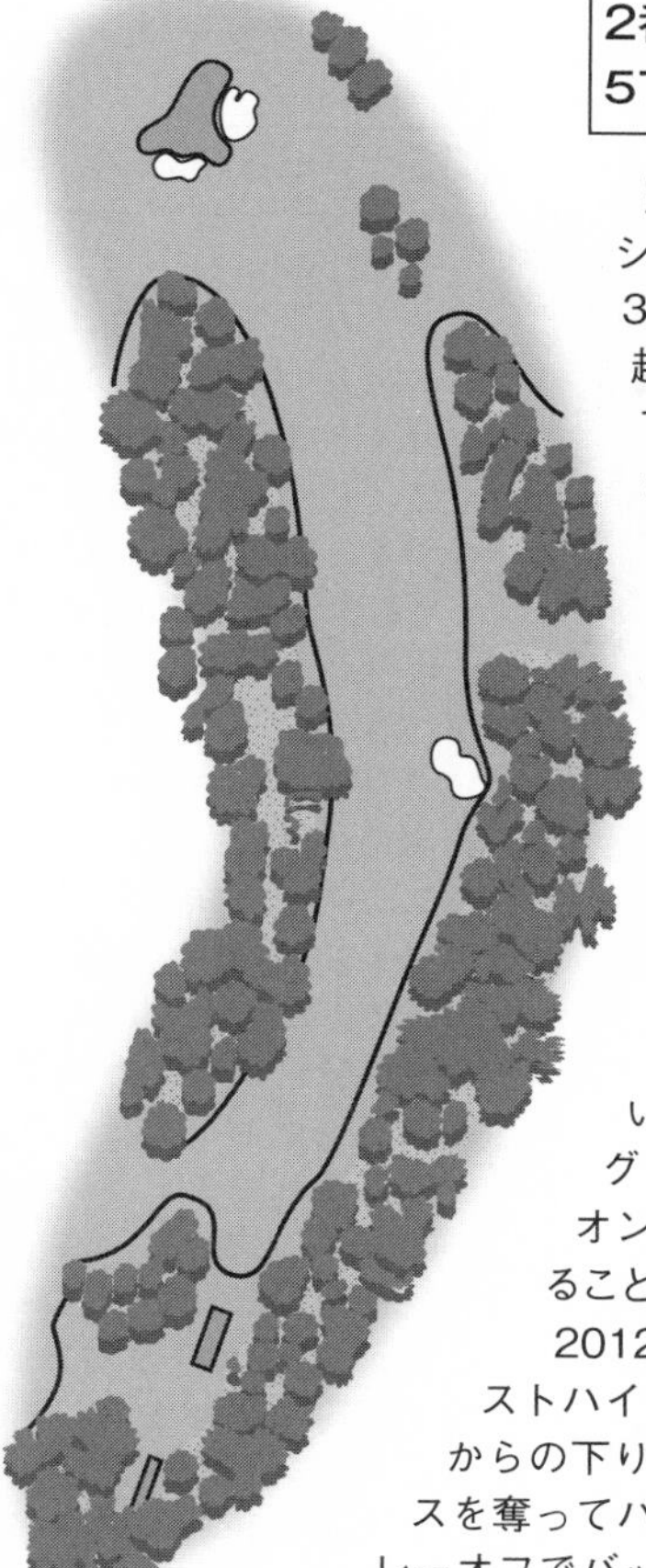

2番　ピンクドッグウッド 575ヤード/パー5

距離はあるが、ドライバーショットをしっかり放ち、300ヤード先のバンカーを越せれば、下り斜面をランでかなりの距離を稼ぐことができ、2打目でグリーンをとらえることが容易となる。「パー5は、ナイスショットを二つ続ければオンできる」はジョーンズとマッケンジーの基本原則である。

グリーンは左奥から右手前に激しく下っているため、「ピンが右ならイーグルチャンスにしやすい。ピンが左にある場合はグリーンセンターを狙って2オン2パットのバーディにすること」がジョーンズの教え。

2012年の最終日、ルイ・ウーストハイゼンはこのホールで、左からの下り傾斜を使ってアルバトロスを奪ってパトロンを沸かせたが、プレーオフでバッバ・ワトソンに惜しくも敗れてしまった。

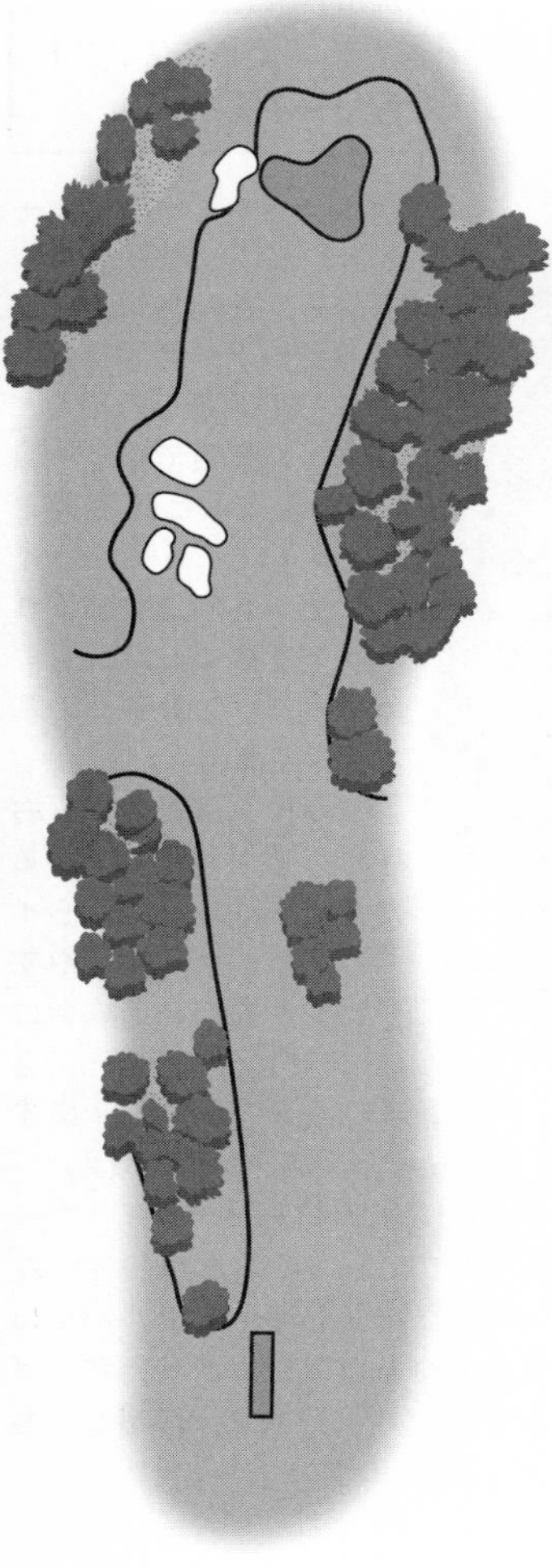

3番　フラワーリング
ピーチ
350ヤード/パー4

最も距離が短いパー4だが、パーを取るのは簡単ではない。グリーンの左サイドは10ヤードの縦幅で、しかも下り傾斜がきつく、ここにピンが切ってある場合、ピンを狙うとボールがグリーンを転がり落ちることもある。

グリーンの右サイドに安全に乗せたいが、もしもグリーンを外すと、ピッチショットは恐ろしく難しくなる。ピンが右にあってもグリーン右に外せば往復ビンタもあり、ボギーで上がれずダブルボギーになることも。

「風が吹けば安易にピンは狙えない。1打か2打は損する可能性がある」とジョーンズも油断ならないホールと語る。マスターズ初期からほとんど改造されていない、完成されたパー4である。

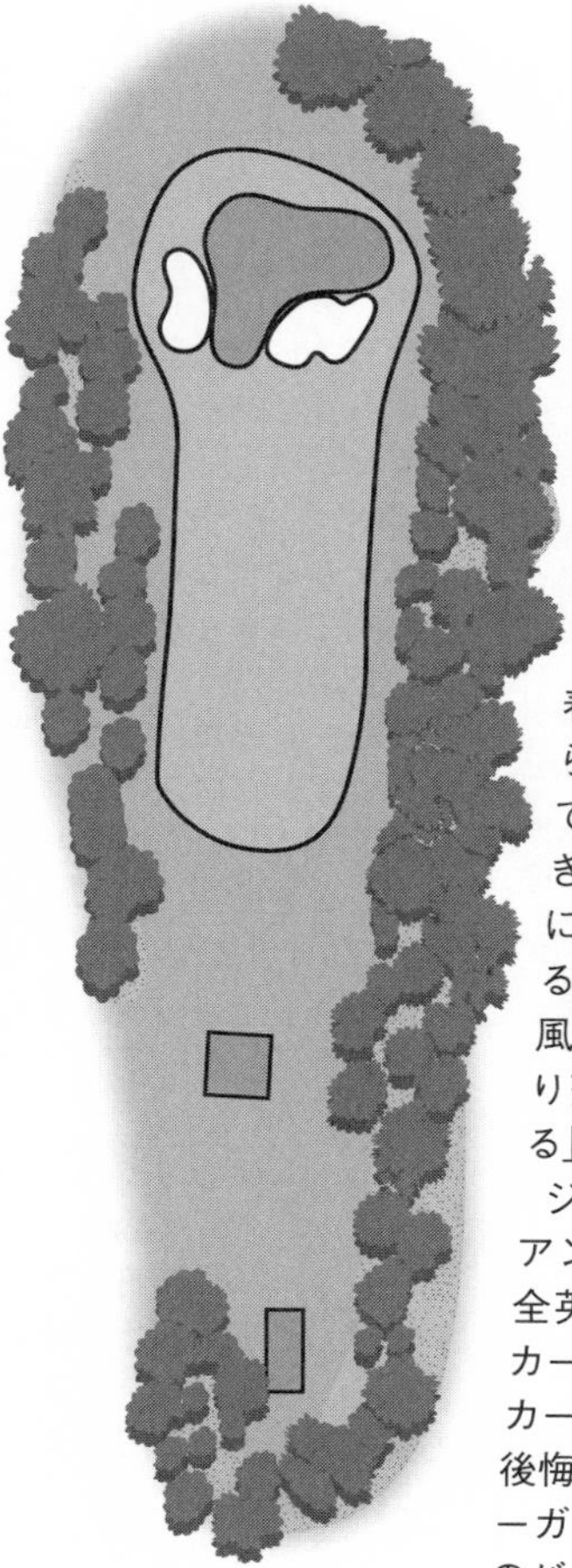

4番　フラワーリング　クラブアップル　240ヤード／パー3

セントアンドリュースを信奉するマッケンジーが、その11番とそっくりに造ったパー3。グリーン手前に大きなバンカー、左にもバンカーを配しているレイアウトは驚くほど似ている。

「マスターズが開催される春は風がアゲンストか左からのクロスウインドに吹くので、ピンをバンカー越えぎりぎりやグリーン奥の高い地点に切るとオンするのは難しくなる。風に押されればバンカー、風に乗れば奥の斜面を転がり落ち、アプローチは至難となる」。

ジョーンズは、1921年セントアンドリュースで開催された全英オープンで、11番をバンカーに入れて大叩きし、スコアカードを破いて棄権した。生涯後悔したそのホールを敢えてオーガスタナショナルに蘇らせたのが、このホールなのだ。

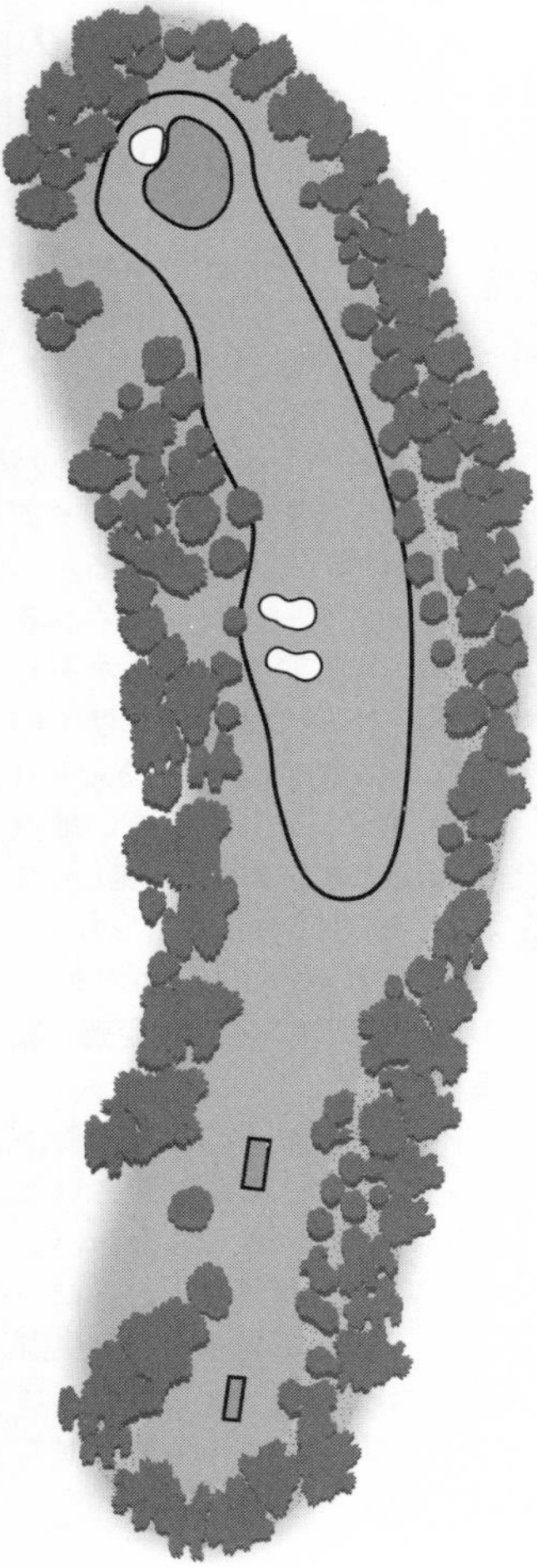

5番　マグノリア
495ヤード/パー4

マッケンジーはこのホールを「セントアンドリュースの、あのロードホールと呼ばれる17番と同じタイプのホールである」と言っている。

右サイドに張り出しているホテルなどないし、ホールも右ではなく左に曲がっているのでかなり違って見えるが、しっかりと距離があり、深いクロスバンカーも控えており、ドライバーショットを正確に飛ばさなければいけない点は大いに似ている。ティショットが成功したら、思い切ってピンを狙いたい。

ジョーンズは「グリーン手前にバンカーがないので、ショート目に打ってランを使って転がし上げるのがいい。勢いが付きすぎても奥のバンカーがミスを最小限に止めてくれる」と言っている。最終日のピンは2段グリーンの奥に切られることが多い。

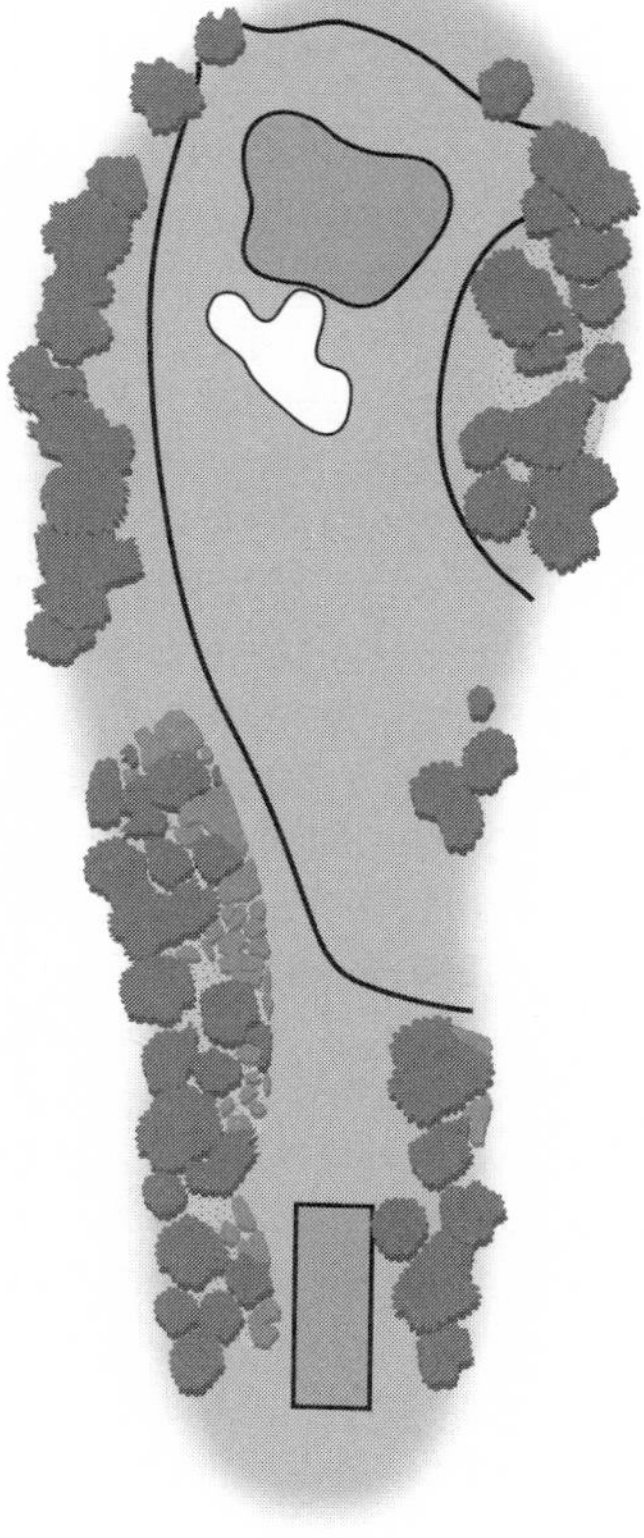

6番　ジュニパー
180ヤード/パー3

高く盛り上げられたティから見下ろすパー3は、咲き誇るアザレアと大きなバンカーによってとても素晴らしい景観となる。

グリーンの形状は奥左右に二つの大きな耳があるテディベアのような顔。だが、この可愛い顔は実は恐ろしいヒグマ。右奥の高い耳にピンが切られたら、ここに打つのは勇気と技術がいる。上手くピンに絡めたらパトロンから大きな拍手がもらえる。

松山英樹の前のキャディ進藤大典は「ここに乗せられたらハッピーです」と言う。風の計算が難しいからだ。また、ピンが左に切られたら、右からの傾斜を使ってピンに寄せるのがセオリーだ。

ピン位置によってはやさしいホールだが、マスターズはヒグマの耳にピンが切られるため、難易度は18ホール中11番目と、油断できない。

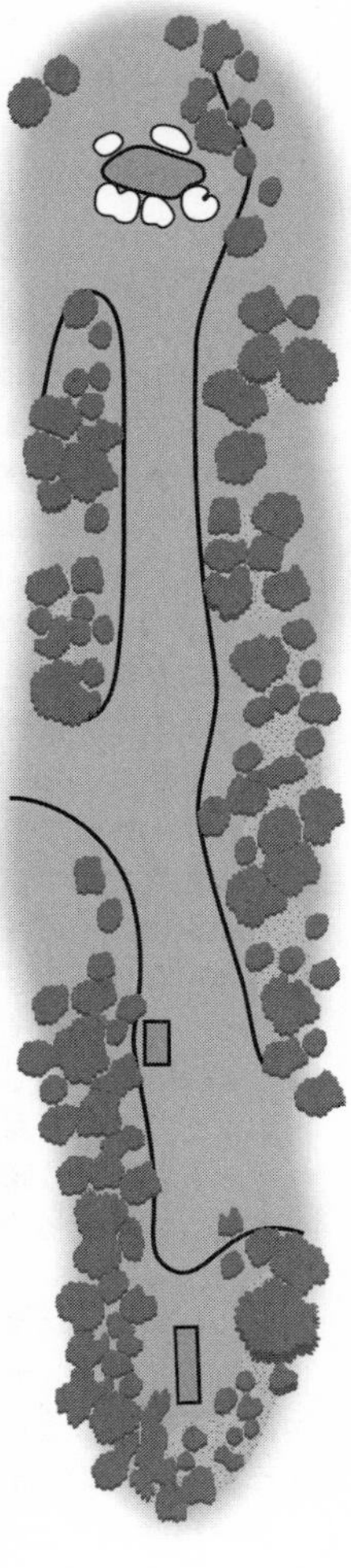

7番　パンパス
450ヤード/パー4

マッケンジーが「セントアンドリュースの18番ホールと特徴が似ている」と言っているが、それはオーガスタナショナルを造った当時の距離が短かった時のことだろう。ドライバーでナイスドローを打てば、2打目はウェッジでピンをデッドに狙っていけたのだ。

しかし、現在は当時より100ヤード近くも長くなり、饅頭型のグリーンに立つピンを安易に狙うわけにはいかない。グリーンを取り囲む5つもあるバンカーのどれかに転がり落ちて入ってしまうからだ。バンカーからピンを狙ってまたもやバンカーに入る、バンカー・トゥ・バンカーにもなってしまう。

まずはドライバーで最高のドローボールを放つこと。右に打ち出せば右傾斜のフェアウェイによって林に転がり入ることもあるからだ。

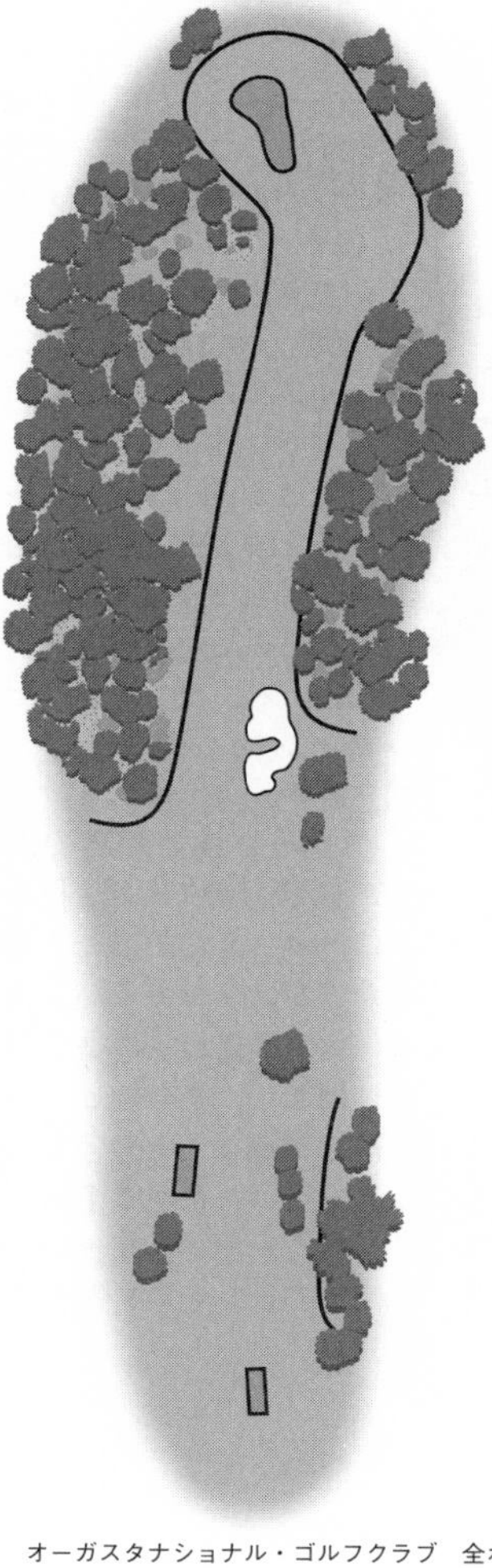

8番　イエロージャスミン
570ヤード／パー5

マスターズ初期より40ヤード伸び、右のクロスバンカーを越えるのには314ヤードのキャリーが必要となる。しかし伸び伸びとドライバーを振れるレイアウトなので、飛ばし屋はビッグショットを披露できる。

第2打は見えないピンに向かってイメージを膨らませ、縦に長いグリーンをフックボールで手前からランを使ってピンに寄せるのがセオリーだ。特にグリーン右サイドはマウンドになっているので、それを使いながらボールをピンに向かわせるのだ。

しかし、ティショットでバンカー越えができずにバンカーの左に打てば、グリーン前方の左サイドの樹木の張り出しが邪魔になり、刻むことになってしまう。

このホールの難易度は17番目だけに、悪くてもバーディは取りたいところ。

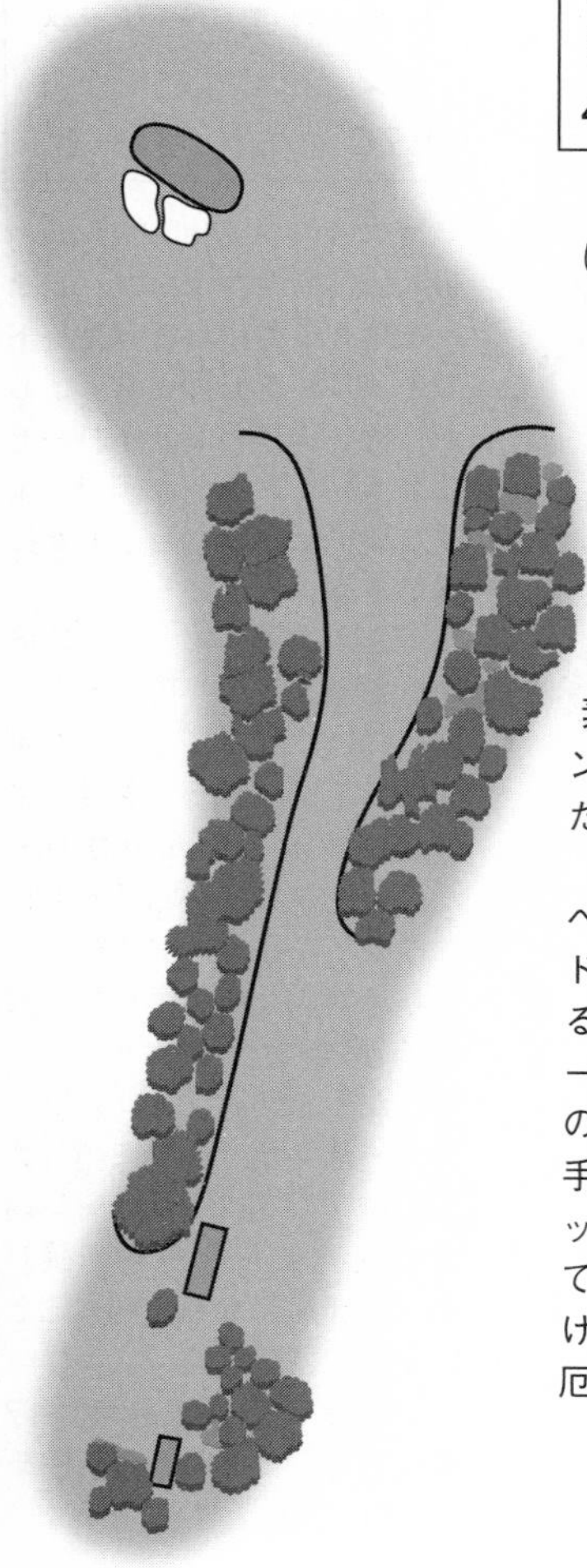

9番　カロライナチェリー
460ヤード／パー4

フェアウェイの両サイドに樹木が聳え、とても狭い空間を狙うことになる。しかも左ドッグレッグなので、曲がり角までは飛ばしたい。

とは言え、ジョーンズは「曲がり角を狙ってショートカットしようとすると大けがの元。素直にフェアウェイのセンターを狙って打つことだ」とアドバイスする。

グリーンは左からの右への傾斜なので、第2打をドローボールで打ちたくなるが、左に2つあるバンカーに入れるとピンに寄せるのは難しい。さらにピンの手前に乗せようとしてショットが短いと花道まで戻ってしまう。3段グリーンだけに奥のピンを攻めるのも厄介。

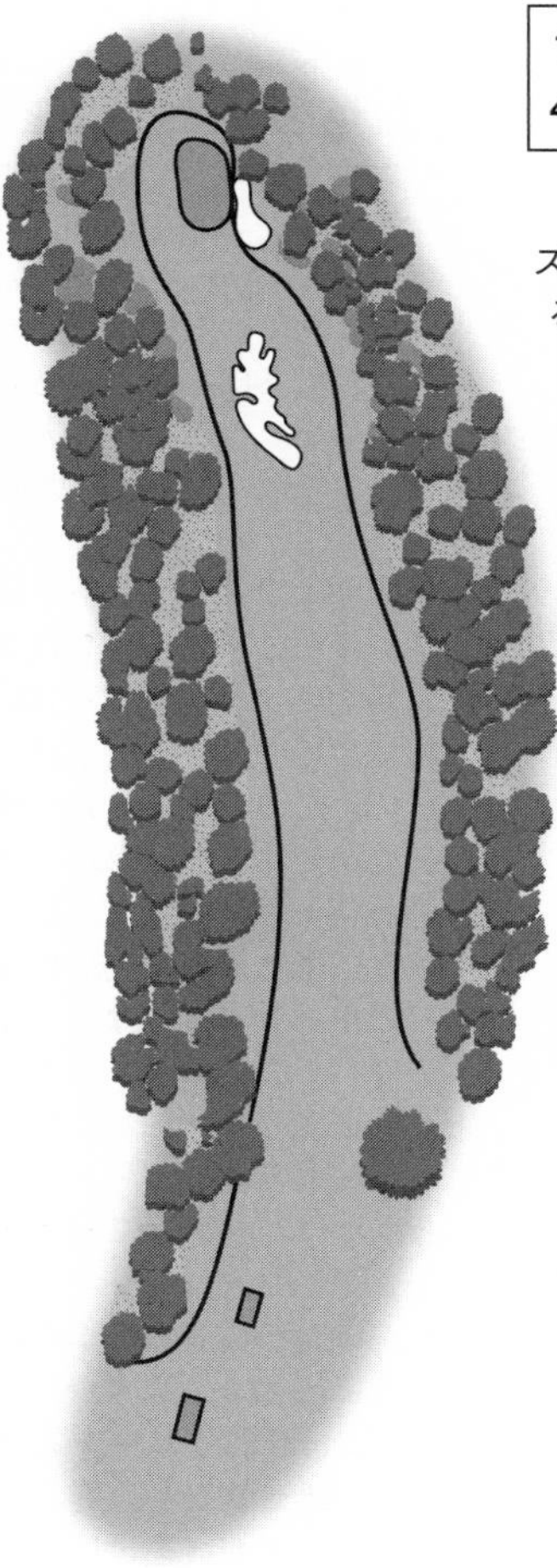

10番　カメリア
495ヤード／パー4

マスターズの頃はハナミズキがグリーン奥に咲き誇るため、ジョーンズが「今までに見た中で最も美しいホールの一つ」と感嘆するパー4だ。

急激な打ち下ろしで、やや左に曲がる。従って正確なドローボールでコースなりに攻めていきたい。ドローボールなら下り傾斜を使って飛距離を稼げ、高い弾道の2打目を打つことができる。

しかし、右サイドに打てばボールは下り底で止まってしまい、グリーンまでかなり距離のある打ち上げの2打目を打たなくてはならなくなる。ピンまでの距離を測ることも難しくなり、ピンをデッドに狙いにくくなる。

グリーンは右から左の傾斜のため、ピンの右サイドを狙うのがセオリー。

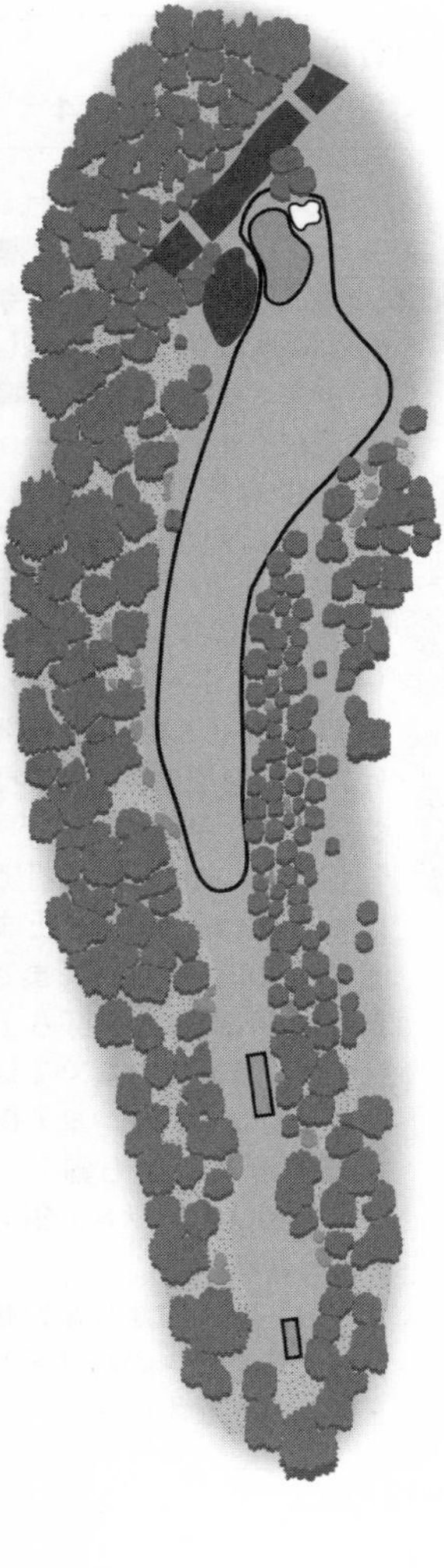

11番 ホワイトドッグウッド 505ヤード／パー4

アーメンコーナーの入り口の長いパー4。ティショットは両側から樹木が張り出し、打ち出しがとても狭く感じる。ここで林に入れようものならボギーは必須だ。

上手くティショットを飛ばしても、アゲンストの風が多いホールなので、第2打は200ヤード以上残りやすい。長い番手でピンを攻めたいが、グリーン左には池が待ち構えている。ピンが左にあれば池越えはかなりのギャンブルになる。ならば、ドローボールでグリーンを狙うことになるが、ちょっとでもショートすると、バウンドが池に向かってしまうのだ。

この池の縁の形状は2打地点からわかりにくい。よって、安全にグリーン右サイドに乗せること。長いパットとなるが、そこはしっかりタッチを合わせたい。

12番　ゴールデンベル
155ヤード／パー3

「金の鈴」という名の世界一美しく難しいパー3。風が舞うため、距離が読みにくい。グリーンに沿ってレイズクリークが流れていて、しかも手前が刈り込まれているため、少しでもショートすればボールは転がり落ちる。

最終日はグリーン右にピンが切ってあることが多く、グリーンセンターからフェードでピンに寄せようとすると、ボールが風に押されて池に入れてしまう悲劇が起きやすい。

バイロン・ネルソンは「奥のバンカーに入っても良いと思って大きめに打つこと。クリークに入れることだけは絶対に避ける」と警鐘を鳴らすが、2016年ジョーダン・スピースが第1打を池に入れ、打ち直しまでも入れて2連覇を逃したのは記憶に新しい。

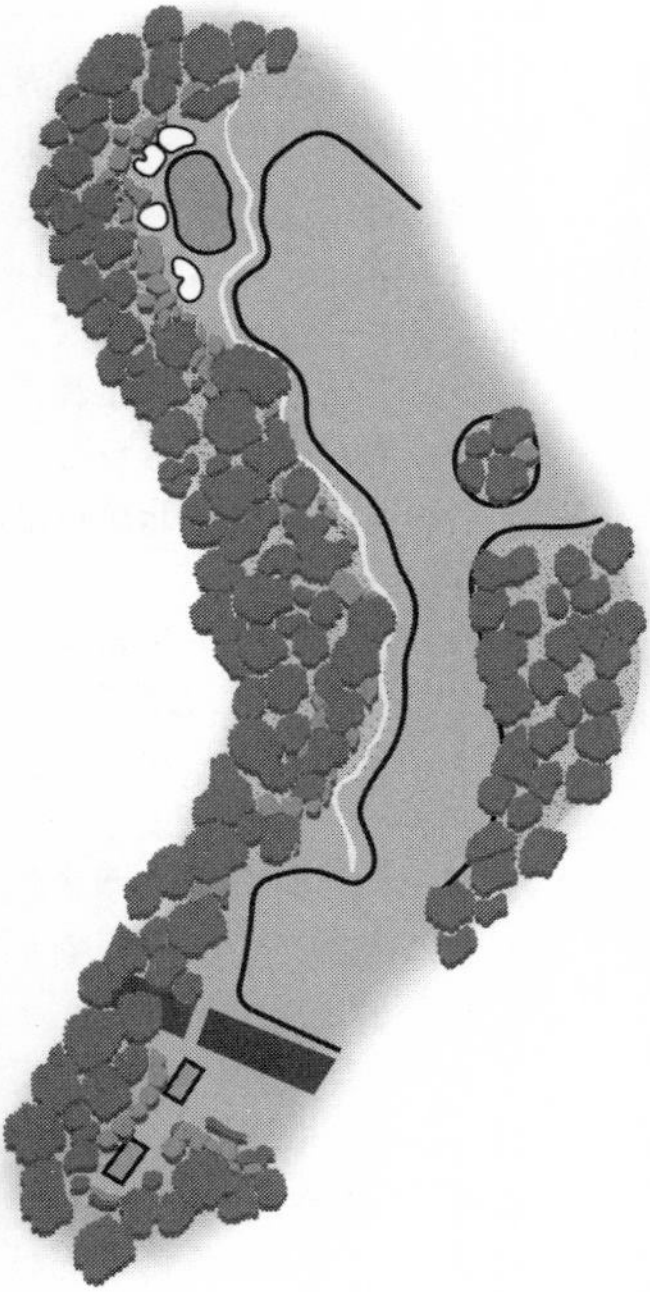

13番　アザレア
510ヤード／パー5

1600本もの色とりどりのアザレアが咲き誇る、美しく戦略性に富んだ、ジョーンズが「最も優れたホール」と胸を張る左ドッグレッグのパー5。

距離が短いだけに2オンを狙いたくなるホールだ。ティショットはドローボールを豪快に打って左の平坦なフェアウェイをキープしたいが、フックがかかればクリークかアザレアの花園に打ち込むことになる。それを嫌って右方向に打てば松林の中か、フェアウェイであっても極端なつま先上がりのライとなる。

グリーンの手前はクリークが流れており、ピンが手前ならつま先上がりで無理やりスライスを打って、届かずに水の中となりやすい。ピンが奥の場合、大胆に打つと、打球が止まらずにグリーンをこぼれてしまうことも多々ある。危険をはらむイーグルホールだ。

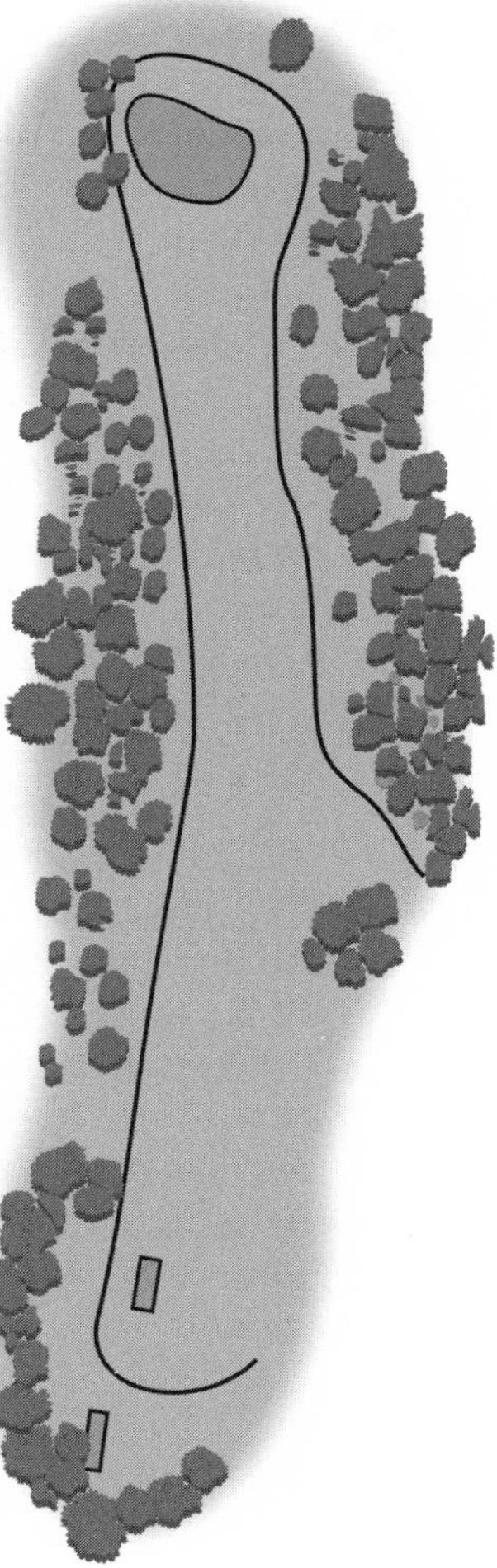

14番　チャイニーズファー
440ヤード / パー 4

オーガスタナショナルで唯一バンカーがないホール。一見特徴がなさそうだが、「セントアンドリュースの6番と共通点がある」とマッケンジーが語っているように、ティショットの落とし場所は意外に狭い。

ティショットをフェアウェイセンターから右に打つと、右傾斜のため低地まで転がり込むことがある。こうなるとグリーンの左半分が見えなくなる。

よってフェアウェイセンターよりも左に打ちたいが、左に打ち過ぎると2打目で松の枝が邪魔になる。しかもグリーンは手前が大きく窪んでいて、短いショットは花道まで転がり落ちる。

たとえ乗っても、大きく打ち上げるパットは距離を合わせるだけでも厄介。2打目は、グリーン右目からスロープを使ってピンに寄せるのがクレバーだ。

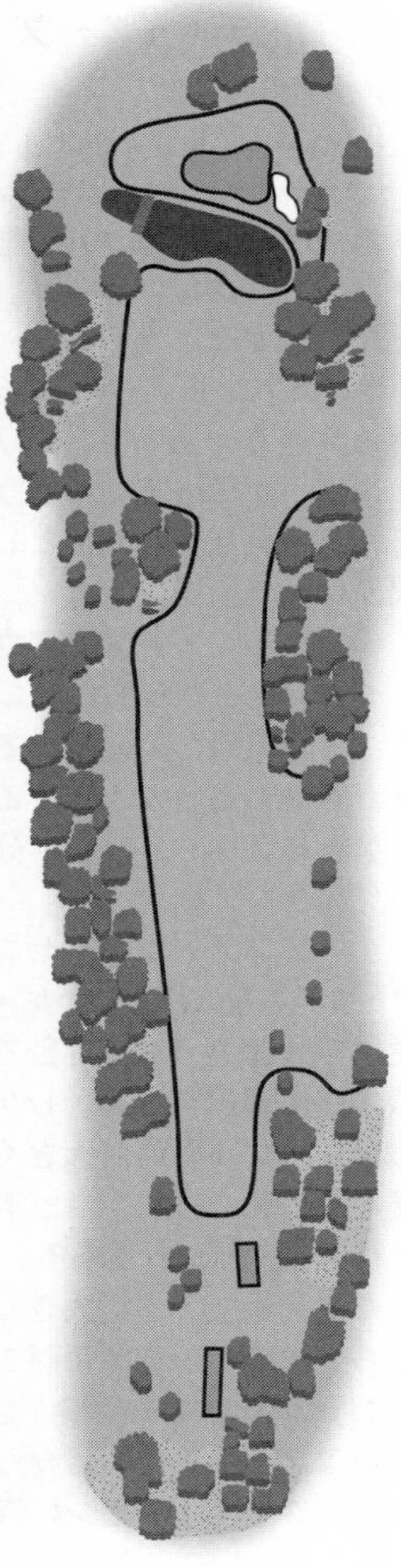

15番　ファイアソーン
530ヤード／パー5

フェアウェイが広く、伸び伸びとドライバーショットを打てるパー5。320ヤード以上飛ばすと左の木が邪魔をするので、フェアウェイ右サイドがベスト。

グリーンは縦幅がないため、しっかりとスピンをかけて止めたい。フォローの風だとオーバーしやすく、返しのアプローチは上って下るために寄せるのは至難。とはいえ、グリーンに打球が届かなければ刈り込んである斜面を下って池に入る。

このホールでの出来事ナンバーワンは、第2回大会でジーン・サラゼンがダブルイーグル=アルバトロスを達成したこと。あまりに有名だが、それから50年以上、イーグルは出てもダブルイーグルは未だに出ていない。

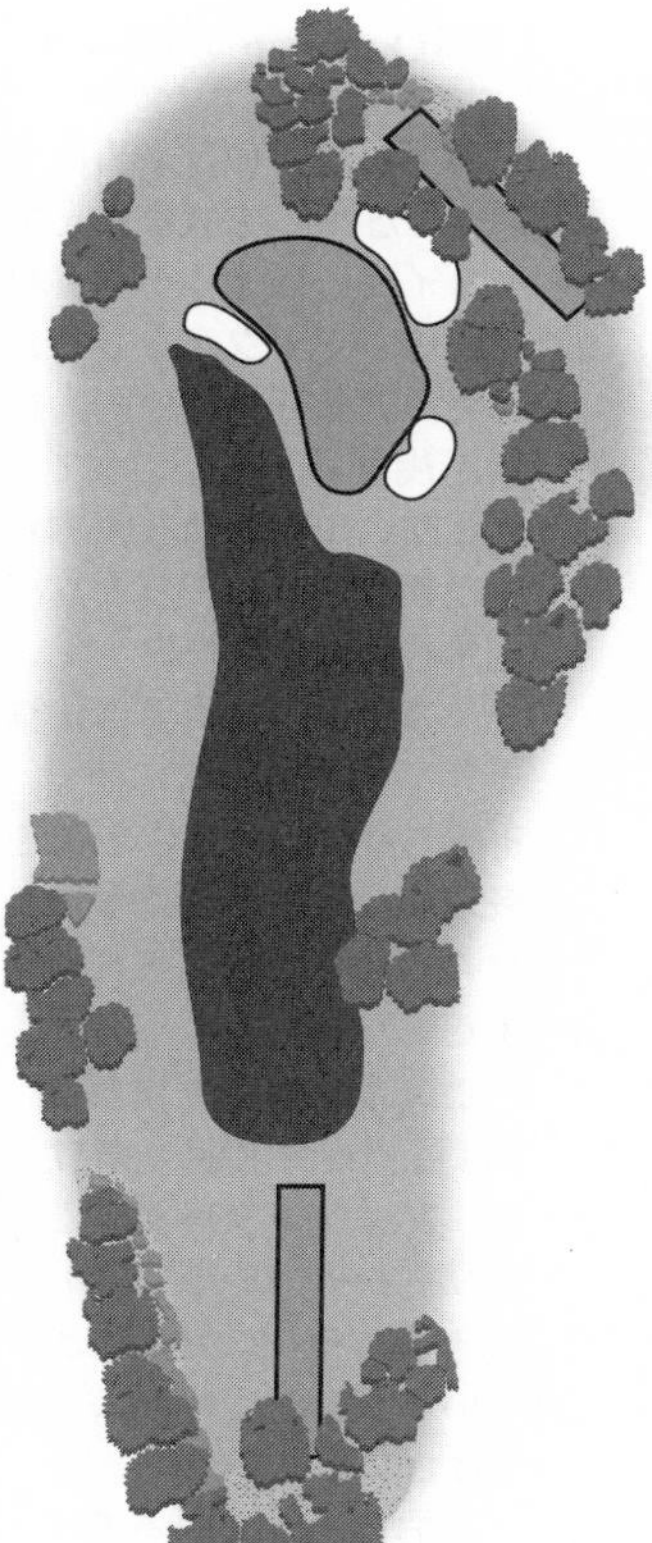

16番　レッドバッド
170ヤード／パー3

オーガスタが開場したときは110ヤードの短いパー3だったが、1947年にジョーンズがロバート・トレント・ジョーンズに依頼してティグラウンドからグリーン左へ大きな池を造成。

グリーンが左に大きく傾斜しているため、「ピンの右にドローボールで落とせば、ボールが下ってホールインすることもある」とジョーンズが満足するスリリングなホールに変貌した。

緊張感が最高潮に達するサンデーバックナインでの16番は、力が入ってフックを打って池に入れるかと思えば、ナイスドローでピンそばに寄せてバーディを奪うシーンを目撃する。

05年タイガー・ウッズはグリーンをオーバーする大ピンチを迎えるが、奇跡的なアプローチでチップインバーディを奪い、優勝へ突き進んだ。

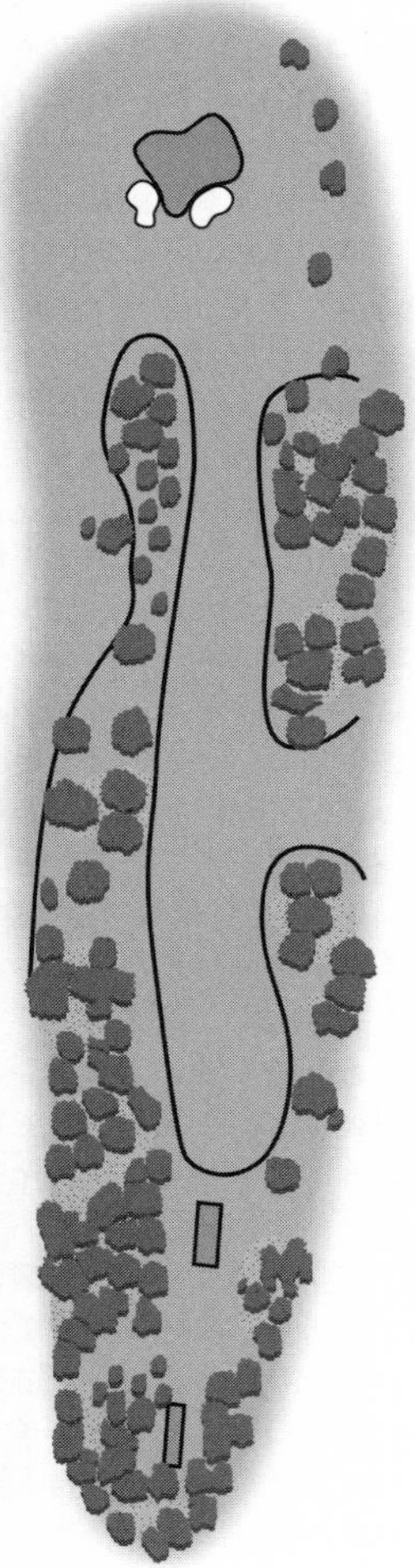

17番　ナンダイナ
440ヤード／パー4

真っ直ぐに伸びた素直なパー4だが、特徴はフェアウェイ左に聳えるテーダ松の巨木、アイクズツリーだった。アイゼンハワー大統領が幾度も当て、切ってくれと願い出た有名な大木だったが、2014年の大雪で倒木、伐採された。

マスターズ委員会は切株をアイクの記念館に贈り、そのDNAを採取して苗を栽培中。やがて新たなアイクズツリーが植えられるはずだ。

この木をクリアすれば、2打目でピンを狙うだけだが、マッケンジーが「このグリーンはセントアンドリュースの有名な14番と似ている」というだけにパットはたやすくない。

左右に下っているので、ピンから外れるとボールはどんどん離れてしまう。ロングパットは3パットしてしまうことも多く、ショートパットは微妙に切れて入らない。

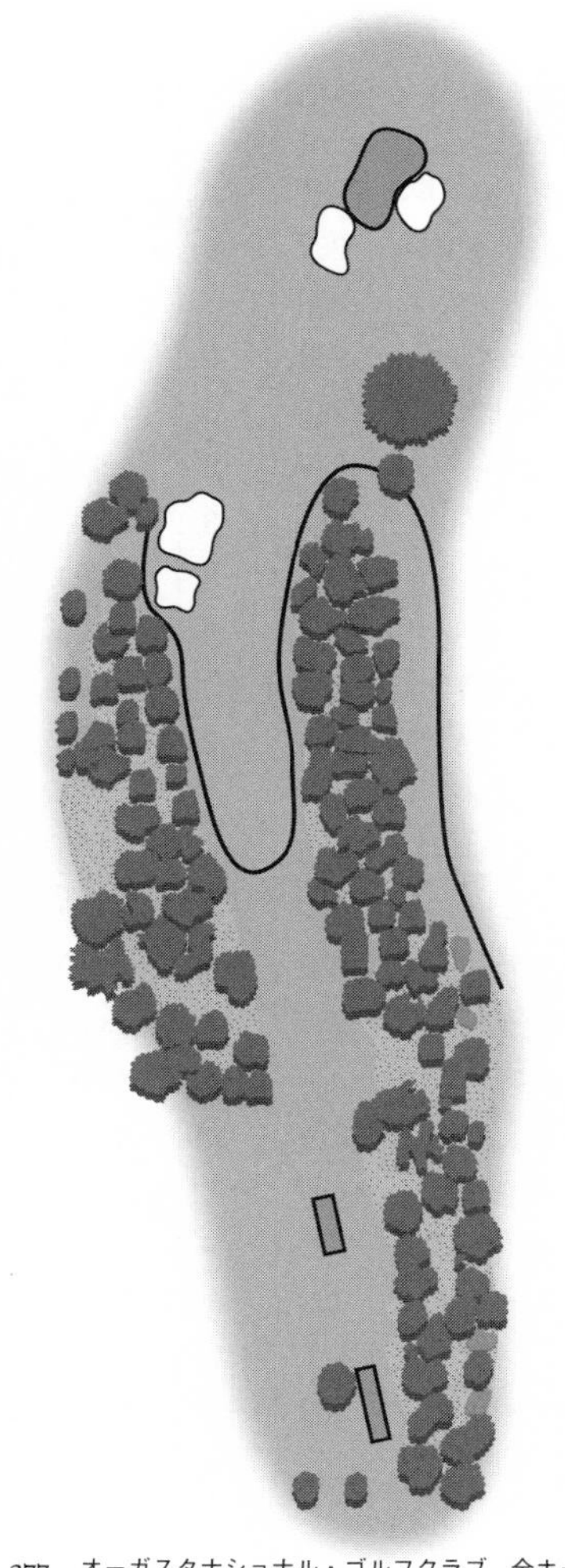

18番　ホーリー
465ヤード/パー4

右ドッグレッグで上っていく最終ホール。これまでドローで打って来たのに、最後になって突然フェードを要求されることから、思わぬスライスとなり右の林に入れることも多い。

ドローで打てば左クロスバンカーに入れることも多く、刻めばピンまで遠くなる。勝つためにバーディが必要になると、ドライバーを持たねばならず、プレッシャーがかかる。

最終日はバンカーの上にピンが切られることが多く、距離を合わせるとアゲンストの風に押されてバンカーに入れることも。グリーンは急激なダウンヒルのため、ピンハイからの下りパットはジェットコースターのように速い。

パトロンからの盛大なスタンディングオベーションに帽子を振るウィナーの輝く笑顔が印象に残る、感動の最終ホールだ。

マスターズ歴代優勝者

年	国	優勝者	合計スコア	合計パー	優勝賞金($)
1934	アメリカ合衆国	ホートン・スミス	284	−4	1,500
1935	アメリカ合衆国	ジーン・サラゼン	282	−6	1,500
1936	アメリカ合衆国	ホートン・スミス	285	−3	1,500
1937	アメリカ合衆国	バイロン・ネルソン	283	−5	1,500
1938	アメリカ合衆国	ヘンリー・ピカード	285	−3	1,500
1939	アメリカ合衆国	ラルフ・ガルダール	279	−9	1,500
1940	アメリカ合衆国	ジミー・デマレー	280	−8	1,500
1941	アメリカ合衆国	クレイグ・ウッド	280	−8	1,500
1942	アメリカ合衆国	バイロン・ネルソン	280	−8	1,500
1943-45：第二次世界大戦のため中止					
1946	アメリカ合衆国	ハーマン・カイザー	282	−6	2,500
1947	アメリカ合衆国	ジミー・デマレー	281	−7	2,500
1948	アメリカ合衆国	クロード・ハーモン	279	−9	2,500
1949	アメリカ合衆国	サム・スニード	282	−6	2,750
1950	アメリカ合衆国	ジミー・デマレー	283	−5	2,400
1951	アメリカ合衆国	ベン・ホーガン	280	−8	3,000
1952	アメリカ合衆国	サム・スニード	286	−2	4,000
1953	アメリカ合衆国	ベン・ホーガン	274	−14	4,000
1954	アメリカ合衆国	サム・スニード	289	+1	5,000
1955	アメリカ合衆国	ケリー・ミドルコフ	279	−9	5,000
1956	アメリカ合衆国	ジャック・バーク・ジュニア	289	+1	6,000
1957	アメリカ合衆国	ダグ・フォード	283	−5	8,750

年	国	優勝者	合計スコア	合計パー	優勝賞金($)
1958	アメリカ合衆国	アーノルド・パーマー	284	−4	11,250
1959	アメリカ合衆国	アート・ウォール・ジュニア	284	−4	15,000
1960	アメリカ合衆国	アーノルド・パーマー	282	−6	17,500
1961	南アフリカ連邦	ゲーリー・プレーヤー	280	−8	20,000
1962	アメリカ合衆国	アーノルド・パーマー	280	−8	20,000
1963	アメリカ合衆国	ジャック・ニクラウス	286	−2	20,000
1964	アメリカ合衆国	アーノルド・パーマー	276	−12	20,000
1965	アメリカ合衆国	ジャック・ニクラウス	271	−17	20,000
1966	アメリカ合衆国	ジャック・ニクラウス	288	0	20,000
1967	アメリカ合衆国	ゲイ・ブリュワー	280	−8	20,000
1968	アメリカ合衆国	ボブ・ゴールビー	277	−11	20,000
1969	アメリカ合衆国	ジョージ・アーチャー	281	−7	20,000
1970	アメリカ合衆国	ビリー・キャスパー	279	−9	25,000
1971	アメリカ合衆国	チャールズ・クーディー	279	−9	25,000
1972	アメリカ合衆国	ジャック・ニクラウス	286	−2	25,000
1973	アメリカ合衆国	トミー・アーロン	283	−5	30,000
1974	南アフリカ共和国	ゲーリー・プレーヤー	278	−10	35,000
1975	アメリカ合衆国	ジャック・ニクラウス	276	−12	40,000
1976	アメリカ合衆国	レイモンド・フロイド	271	−17	40,000
1977	アメリカ合衆国	トム・ワトソン	276	−12	40,000
1978	南アフリカ共和国	ゲーリー・プレーヤー	277	−11	45,000
1979	アメリカ合衆国	ファジー・ゼラー	280	−8	50,000
1980	スペイン	セベ・バレステロス	275	−13	55,000

年	国	優勝者	合計スコア	合計パー	優勝賞金($)
1981	アメリカ合衆国	トム・ワトソン	280	−8	60,000
1982	アメリカ合衆国	クレイグ・スタドラー	284	−4	64,000
1983	スペイン	セベ・バレステロス	280	−8	90,000
1984	アメリカ合衆国	ベン・クレンショー	277	−11	108,000
1985	西ドイツ	ベルンハルト・ランガー	282	−6	126,000
1986	アメリカ合衆国	ジャック・ニクラウス	279	−9	144,000
1987	アメリカ合衆国	ラリー・マイズ	285	−3	162,000
1988	スコットランド	サンディ・ライル	281	−7	183,800
1989	イングランド	ニック・ファルド	283	−5	200,000
1990	イングランド	ニック・ファルド	278	−10	225,000
1991	ウェールズ	イアン・ウーズナム	277	−11	243,000
1992	アメリカ合衆国	フレッド・カプルス	275	−13	270,000
1993	ドイツ	ベルンハルト・ランガー	277	−11	306,000
1994	スペイン	ホセ・マリア・オラサバル	279	−9	360,000
1995	アメリカ合衆国	ベン・クレンショー	274	−14	396,000
1996	イングランド	ニック・ファルド	276	−12	450,000
1997	アメリカ合衆国	タイガー・ウッズ	270	−18	486,000
1998	アメリカ合衆国	マーク・オメーラ	279	−9	576,000
1999	スペイン	ホセ・マリア・オラサバル	280	−8	720,000
2000	フィジー	ビジェイ・シン	278	−10	828,000
2001	アメリカ合衆国	タイガー・ウッズ	272	−16	1,080,000
2002	アメリカ合衆国	タイガー・ウッズ	276	−12	1,080,000
2003	カナダ	マイク・ウェア	281	−7	1,080,000

年	国	優勝者	合計スコア	合計パー	優勝賞金($)
2004	アメリカ合衆国	フィル・ミケルソン	279	−9	1,117,000
2005	アメリカ合衆国	タイガー・ウッズ	276	−12	1,260,000
2006	アメリカ合衆国	フィル・ミケルソン	281	−7	1,260,000
2007	アメリカ合衆国	ザック・ジョンソン	289	+1	1,305,000
2008	南アフリカ共和国	トレバー・イメルマン	280	−8	1,350,000
2009	アルゼンチン	アンヘル・カブレラ	276	−12	1,350,000
2010	アメリカ合衆国	フィル・ミケルソン	272	−16	1,350,000
2011	南アフリカ共和国	チャール・シュワルツェル	274	−14	1,440,000
2012	アメリカ合衆国	バッバ・ワトソン	278	−10	1,440,000
2013	オーストラリア	アダム・スコット	279	−9	1,440,000
2014	アメリカ合衆国	バッバ・ワトソン	280	−8	1,620,000
2015	アメリカ合衆国	ジョーダン・スピース	270	−18	1,800,000
2016	イングランド	ダニー・ウィレット	283	−5	1,800,000
2017	スペイン	セルヒオ・ガルシア	279	−9	1,980,000
2018	アメリカ合衆国	パトリック・リード	273	−15	1,980,000
2019	アメリカ合衆国	タイガー・ウッズ	275	−13	2,070,000
2020	アメリカ合衆国	ダスティン・ジョンソン	268	−20	2,070,000

マスターズの出場資格

1　歴代優勝者（生涯）
2　全米オープン優勝者（過去 5 年間）
3　全英オープン優勝者（過去 5 年間）
4　全米プロゴルフ選手権（PGA 選手権）優勝者（過去 5 年間）
5　ザ・プレーヤーズ選手権優勝者（過去 3 年間）
6　直近のオリンピック優勝者
7　前年全米アマ優勝者および 2 位
8　前年全英アマ優勝者
9　前年アジアパシフィックアマチュア選手権優勝者
10　当年ラテンアメリカアマチュア選手権優勝者
11　前年全米ミッド・アマ優勝者
12　前年マスターズ大会12位以内（タイを含む）入賞者
13　前年全米オープン 4 位以内（タイを含む）入賞者
14　前年全英オープン 4 位以内（タイを含む）入賞者
15　前年全米プロ 4 位以内（タイを含む）入賞者
16　前年マスターズ大会翌週から、本大会前週までの PGA ツアー（フェデックスカップポイントに加算される試合）優勝者
17　前年ザ・ツアーチャンピオンシップ出場者
18　前年最終週の公式世界ランキング50位以内
19　同年公式世界ランキング50位以内（マスターズ大会開催前週に発表のもの）

その他、特別招待枠がある。

マスターズの記録

※2021年1月

最多優勝回数	6	ジャック・ニクラウス(1963年、1965年、1966年、1972年、1975年、1986年)＊歴代2位はタイガーウッズの5回
最年少優勝	21	タイガー・ウッズ(21歳3ヶ月14日・1997年)
最年長優勝	46	ジャック・ニクラウス(46歳2ヶ月23日・1986年)
最年少出場	14	関天朗（14歳5ヶ月・2013年）
72ホール最少ストローク	268	ダスティン・ジョンソン(65-70-65-68、2020年)
優勝スコア(ワーストスコア)	289	サム・スニード（1954年） ジャック・バーグJr.（1956年） ザック・ジョンソン（2007年）
最多連続出場回数	50	アーノルド・パーマー(1955〜2004年) ※2位はダグ・フォードの46回(1956〜2001年)
最多出場回数	52	ゲーリー・プレーヤー（1957〜2009年、1993年は病気のため不出場）
最多2位回数	4	ベン・ホーガン(1942年、1946年、1954年、1955年) ジャック・ニクラウス(1964年、1971年、1977年、1981年) トム・ワイスコフ(1969年、1972年、1974年、1975年)
1ラウンド最少ストローク	63	ニック・プライス(33-30　1986年　3日目) グレッグ・ノーマン(33-30　1996年　1日目)
連続バーディ数	7	スティーブ・ペイト(1999年　3日目　No.7〜) タイガー・ウッズ(2005年　3日目　No.7〜)
トップ5最多入賞回数	15	ジャック・ニクラウス ＊2位はB・ホーガン、T・カイト、A・パーマー、S・スニード、T・ワトソン、P・ミケルソン、T・ウッズの9回
トップ10最多入賞回数	22	ジャック・ニクラウス ※2位は、ベン・ホーガンの17回
トップ25最多入賞回数	29	ジャック・ニクラウス ※2位は、サム・スニードの26回

【参考文献】

ジョン・アンドリサーニ『タイガー・ウッズの強い思考』小林裕明訳、日経BP社、二〇〇四年
岩田禎夫『マスターズ――栄光と喝采の日々』ACクリエイト株式会社、二〇一二年
ジーン・サラゼン&ハーバート・ウォーレン・ウインド『サラゼン・ウェッジ』戸張捷訳、小池書院、一九九七年
カート・サンプソン『ベン・ホーガン――死の淵から蘇った男』宮川毅訳、ベースボールマガジン社、一九九八年
ボビー・ジョーンズ『ゴルフはわが人生』今井健一郎訳、東京創元社、一九七〇年
ボビー・ジョーンズ『ゴルフのすべて』永井淳訳、ゴルフダイジェスト社、二〇一一年
ボビー・ジョーンズ『ボビー・ジョーンズ　ゴルフの真髄』シドニー・マシュー編、前田俊一訳、ちくま文庫、二〇一三年
ボビー・ジョーンズ&O・B・キーラー『ダウン・ザ・フェアウェイ』菊谷匡祐訳、ゴルフダイジェスト社、二〇一一年
杉山通敬『マスターズを創った男　球聖ボビー・ジョーンズ物語』廣済堂出版、一九九八年
サム・スニード&フラン・ピロッツォーロ『ゴルフは音楽だ!――サム・スニードの知恵と洞察』大地舜・赤山雅彦訳、小池書院、一九九八年
ボブ・トーマス『ベン・ホーガンのゴルフ人生』前田俊一訳、TBSブリタニカ、一九九九年
ジャック・ニクラウス『帝王ジャック・ニクラウス――私の履歴書』春原剛訳、日本経済新聞社、二〇〇六年
ジャック・ニクラウス with ケン・バウデン『ジャック・ニクラウス自伝』菊谷匡祐訳、飛鳥新社、二〇〇〇年

バイロン・ネルソン『世界記録　ツアー11連勝した男――近代スウィングの祖バイロン・ネルソン』戸張捷訳、小池書院、一九九八年
グレッグ・ノーマン『グレッグ・ノーマンの「攻撃的ゴルフ」』ジョージ・ペパー編集協力、スポーツライター翻訳グループ訳、日本放送出版協会、一九八八年
アーノルド・パーマー&ジェームス・ダッドソン『わがゴルフ闘争記』久保田誠一訳、財界通信社、二〇〇〇年
ジョン・フェインスタイン『天国のキャディ――世界で一番美しいゴルフの物語』小川敏子訳、日本経済新聞社、二〇〇六年
ゲーリー・プレーヤー『ゴルフから学んだ誇りある生き方――18ホールの中に、人生のすべてが集約されている』青木安輝訳、青春出版社、二〇〇二年
ゲーリー・プレーヤー『ゲーリー・プレーヤーの3次元ゴルフ』GAKKEN SPORTS BOOKS PARGOLF編、学習研究社、一九九三年
ハーヴィー・ペニック&バド・シュレイク『ゴルフレッスンの神様　ハーヴィー・ペニックのレッド・ブック』本條強訳、日本経済新聞出版、二〇〇五年
スティーブ・ユーバンクス『オーガスタ――知られざるマスターズの素顔』赤野間征盛訳、ベースボールマガジン社、一九九八年
Peter Allis, *GREG NORMAN :My Story*, Harrap Limited, 1983
Robert T.Jones.JR and O.B.Keeler, *DOWN THE FAIRWAY*, Classics of Golf Edition, 2018
Sidney L.Matthew, *LIFE& TIMES of BOBBY JONES*, Sleeping Bear Press, 1955
Gary Player with Michael McDonnel, *TO BE THE BEST*, Sidgwick&Jackson Limited, 1992
Greg Norman with George Peper, *SHARK ATTACK!: Greg Norman's Guide to Aggressive Golf*, Simon

And Schuster, 1989
45ＧＯＬＦ－片山晋呉チャンネル

【取材協力】

平野井康　旅行会社の添乗員としてマスターズに35年連続で赴き、オーガスタナショナルゴルフコースで二度のラウンド経験を持つマスターズの第一人者。（株）トラベル・パートナーズ代表取締役　http://www.travelpartners-japan.com

清水優　霞ケ関カンツリー倶楽部

住友ゴム工業株式会社スポーツ事業本部広報グループ「松山英樹×SRIXON LIVEセッション」。

ロバート・タイヤー・ジョーンズⅣ世　ボビー・ジョーンズの孫で心理療法のクリニックの医院長を務める心理学博士。ボビー・ジョーンズ教育基金の役員なども営む。

リック・バートン　イーストレイクゴルフクラブの元ヘッドプロで、ボビー・ジョーンズをレッスンしたスチュワート・メイドンの意志を継ぐＰＧＡプロ。

チャールズ・ハリソン　イーストレイクゴルフクラブのメンバーでボビー・ジョーンズから教えを受け、1960年にベン・ホーガンとアーノルド・パーマーと一緒にマスターズで練習ラウンドを行った。マスターズ出場2回。

キャサリン・M・ルイス　ボビー・ジョーンズの研究も行う歴史学博士。ケネソー州立大学教授。アトランタヒストリーセンター内のボビー・ジョーンズ博物館管理者。

【編集協力】

資料、写真提供など。前『書斎のゴルフ』編集部、元『BAFFY』編集部、（株）オフィスダイナマイト

ちくま新書
1560

マスターズ
——ゴルフ「夢《ゆめ》の祭典《さいてん》」に人《ひと》はなぜ感動《かんどう》するのか

二〇二一年三月一〇日　第一刷発行

著者　本條 強（ほんじょう・つよし）

発行者　喜入冬子

発行所　株式会社 筑摩書房
東京都台東区蔵前二-五-三　郵便番号一一一-八七五五
電話番号〇三-五六八七-二六〇一（代表）

装幀者　間村俊一

印刷・製本　三松堂印刷 株式会社

ISBN978-4-480-07382-2 C0275

ちくま新書

1191
兵隊になった沢村栄治
——戦時下職業野球連盟の偽装工作
山際康之
非運の投手・沢村栄治はなぜ戦地に追いやられたのか。そして沢村の悲劇を繰り返さぬための「偽装」とは何だったか。知られざる戦時下の野球界を初めて描き出す。

1301
誰でもカンタン！「いい字」が書ける
——双雲流二〇の極意
武田双雲
上手でなくても「いい字」を書くことは誰にでもできる。ひらがな、漢字、それぞれのルーツと書き方の基本を知り、「いい字」の極意を学ぶ。著者のお手本満載。

1320
定年後の知的生産術
谷岡一郎
仕事や人生で得た経験を生かして、いまこそ研究に没頭するチャンス。情報の取捨選択法、資料整理術、そして著書の刊行へ。「知」の発信者になるノウハウを開陳。

1381
大人が愉しむウイスキー入門
輿水精一
殿堂入りブレンダーが贈る、ウイスキーを〝より身近に〟〝極める〟ための必読書！ 激変するウイスキーの最新事情から美味しく呑むコツまで、今宵の一杯のお伴に。

1444
阪神タイガース 1985−2003
中川右介
1985年の日本一から2003年のリーグ優勝まで、二度の暗黒時代を阪神タイガースはいかに乗り越えてきたか。栄光と挫折の歴史を、事実に基づき再構成する。

1476
長い老後のためのお金の基本
——年金・貯金・投資がわかる
横山光昭
「年金」「貯金」「投資」「保険」「介護」「相続」のそれぞれで、必ず押さえておくべき知識と情報を家計再生で大人気のFPが解説。今、自分が何をするべきかがわかる。

1537
定年後の作法
林望
定年後の年の取り方に気を付けよう！ 無駄なことに時間を使ったり、偉そうにしたりするのではなく、適度に清潔で品のある人にみられるための方法を伝授する。